GONZALO RAMÍREZ MACÍAS

MANUAL DE TEORÍA E HISTORIA DE LA EDUCACIÓN FÍSICA Y EL DEPORTE CONTEMPORÁNEOS

WANCEULEN
EDITORIAL DEPORTIVA

Título:	MANUAL DE TEORÍA E HISTORIA DE LA EDUCACIÓN FÍSICA Y EL DEPORTE CONTEMPORÁNEOS
Autor:	GONZALO RAMÍREZ MACÍAS
Editorial:	WANCEULEN EDITORIAL DEPORTIVA, S.L. www.wanceulen.com
ISBN:	978-84-9993-322-1
Dep. Legal:	SE 2351-2013
©Copyright:	WANCEULEN EDITORIAL DEPORTIVA, S.L.
Primera Edición:	Año 2013
Impreso en España:	Publidisa

Reservados todos los derechos. Queda prohibido reproducir, almacenar en sistemas de recuperación de la información y transmitir parte alguna de esta publicación, cualquiera que sea el medio empleado (electrónico, mecánico, fotocopia, impresión, grabación, etc), sin el permiso de los titulares de los derechos de propiedad intelectual. Cualquier forma de reproducción, distribución, comunicación pública o transformación de esta obra solo puede ser realizada con la autorización de sus titulares, salvo excepción prevista por la ley. Diríjase a CEDRO (Centro Español de Derechos Reprográficos, www.cedro.org) si necesita fotocopiar o escanear algún fragmento de esta obra.

*A Héctor, por la luz de sus ojos.
A Yolanda, por creer en mí.*

AGRADECIMIENTOS

Este libro no hubiera visto la luz sin el apoyo y el cariño de dos personas que, paradójicamente, son las que más han tenido que soportar la redacción del mismo, pues no han sido pocas las horas de tiempo familiar que he tenido que dedicar a escribirlo.

A ellos dos va dedicado este libro, con la esperanza de que Yolanda vea en él mi eterno agradecimiento por su paciencia, comprensión y amor; y que mi hijo Héctor lo valore como un ejemplo del esfuerzo que es necesario hacer para llegar hasta el final, porque lo fácil siempre fue rendirse.

Al profesor y amigo **José Pascual Sanchís Ramírez**, que no sólo ha sido un valioso colaborador, escribiendo el **capítulo cuarto** y siendo **coautor del undécimo**, sino que con sus orientaciones y conocimientos ha enriquecido enormemente esta publicación.

A mis alumnas y alumnos, pues gracias a ellos me decidí a escribir este libro y a ellos va dirigido, con la esperanza de que sea una buena herramienta de aprendizaje y estudio.

Finalmente quiero agradecer su apoyo a la Editorial Deportiva Wanceulen, porque en un momento de crisis generalizada en el mundo editorial, en especial en las publicaciones en papel, apostó decididamente porque este libro fuese publicado.

ÍNDICE

INTRODUCCIÓN 15

PARTE PRIMERA: TEORÍA DE LA EDUCACIÓN FÍSICA Y EL DEPORTE 17

CAPÍTULO 1. EPISTEMOLOGÍA DE LAS CIENCIAS QUE INVESTIGAN LA ACTIVIDAD FÍSICA Y EL DEPORTE 19
1.1. CONCEPTUALIZACIÓN DE LA CIENCIA 20
1.2. CLASIFICACIÓN DE LA CIENCIA EN FUNCIÓN DE SU APLICABILIDAD 22
1.3. CLASIFICACIÓN DE LA CIENCIA EN FUNCIÓN DEL CONTENIDO 23
1.4. CIENCIAS DE LA ACTIVIDAD FÍSICA Y EL DEPORTE 24
1.5. PARADIGMAS CIENTÍFICOS EN CIENCIAS DE LA ACTIVIDAD FÍSICA Y EL DEPORTE 26
BIBLIOGRAFÍA 29

CAPÍTULO 2. OBJETO DE ESTUDIO DE LAS CIENCIAS DE LA ACTIVIDAD FÍSICA Y EL DEPORTE 31
2.1. ¿CIENCIAS DE LA ACTIVIDAD FÍSICA Y EL DEPORTE? 32
2.2. JOSÉ MARÍA CAGIGAL: EL HOMBRE EN MOVIMIENTO 34
2.3. OMMO GRUPE: EDUCACIÓN FÍSICA DENTRO DE LA EDUCACIÓN 36
2.4. DAVID KIRK: CRÍTICA IDEOLÓGICA 38
2.5. OTROS AUTORES DE REFERENCIA: VICENTE, PARLEBAS Y SERGIO 39
BIBLIOGRAFÍA 42

CAPÍTULO 3. RESEÑA HISTÓRICA SOBRE NORMATIVA ESPAÑOLA, MANIFIESTOS Y DECLARACIONES INTERNACIONALES SOBRE EDUCACIÓN FÍSICA Y DEPORTE 43
   3.1. SINOPSIS LEGISLATIVA SOBRE LA EDUCACIÓN FÍSICA EN ESPAÑA DURANTE EL SIGLO XX 44
   3.2. DOCUMENTOS INTERNACIONALES SOBRE EDUCACIÓN FÍSICA Y DEPORTE 49
      3.2.1. CARTA EUROPEA DEL DEPORTE 49
      3.2.2 CARTA INTERNACIONAL DE LA EDUCACIÓN FÍSICA Y EL DEPORTE DE LA UNESCO 51
      3.2.3. MANIFIESTO MUNDIAL DE LA EDUCACIÓN FÍSICA 52
   BIBLIOGRAFÍA 53

CAPÍTULO 4. LA PROFESIÓN DEL GRADUADO/A EN CIENCIAS DE LA ACTIVIDAD FÍSICA Y EL DEPORTE. PRESENTE Y FUTURO 55
   4.1. LOS ESTUDIOS UNIVERSITARIOS EN CIENCIAS DE LA ACTIVIDAD FÍSICA Y EL DEPORTE 56
      4.1.1. FACULTADES 57
      4.1.2. PLANES DE ESTUDIO 58
      4.1.3. MÁSTER Y DOCTORADO 60
      4.1.4. INVESTIGACIÓN 61
   4.2. ÁMBITO PROFESIONAL DEL GRADUADO/A EN CIENCIAS DE LA ACTIVIDAD FÍSICA Y EL DEPORTE 62
      4.2.1. EN LA DOCENCIA 62
      4.2.2. EN LA GESTIÓN DEPORTIVA 63
      4.2.3. EN LA PREPARACIÓN FÍSICA/*FITNESS* 64
   BIBLIOGRAFÍA 65

PARTE SEGUNDA: HISTORIA CONTEMPORÁNEA DE LA EDUCACIÓN FÍSICA Y EL DEPORTE **67**

CAPÍTULO 5. LA ILUSTRACIÓN 69
   5.1. LA INFANCIA DURANTE EL SIGLO XVIII 70

5.2. LOCKE: *SOME THOUGHTS CONCERNING EDUCATION* 71
5.3. ROUSSEAU: *EL EMILIO* 73
5.4. PESTALOZZI: LOS INSTITUTOS PESTALOZIANOS 75
5.5. BASEDOW: EL *PHILANTHROPUM* DE DESSAU 76
BIBLIOGRAFÍA 78

CAPÍTULO 6. LAS ESCUELAS GIMNÁSTICAS 79
  6.1. LA ESCUELA ALEMANA 81
    6.1.1. *GYMNASTIK* 82
    6.1.2. *TURNKUNST* 83
  6.2. ESCUELA SUECA 86
    6.2.1 CONTINUADORES DE LING 89
  6.3. ESCUELA FRANCESA 91
    6.3.1. ¿CONTINUADORES DE AMORÓS? EVOLUCIÓN DE LA GIMNÁSTICA EN FRANCIA DESPUÉS DE AMORÓS 94
BIBLIOGRAFÍA 95

CAPÍTULO 7. LOS MOVIMIENTOS GIMNÁSTICOS 97
  7.1. MOVIMIENTO DEL CENTRO 99
    7.1.1. MANIFESTACIÓN ARTÍSTICO RÍTMICO PEDAGÓGICA 99
      7.1.1.1. Inspiradores 99
      7.1.1.2. Gimnasia Moderna 103
      7.1.1.3. Continuadores de Bode 105
    7.1.2. MANIFESTACIÓN TÉCNICO-PEDAGÓGICA 106
  7.2. MOVIMIENTO DEL NORTE 109
    7.2.1. MANIFESTACIÓN TÉCNICO-PEDAGÓGICA 109
      7.2.1.1. Elli Björksten: gimnasia femenina 109
      7.2.1.2. Niels Bukh: Gimnasia Fundamental 111
      7.2.1.3. Elin Falk y Maja Carlquist: gimnasia escolar 113
    7.2.2. MANIFESTACIÓN CIENTÍFICA 115
    7.2.3. ECLECTICISMO 116
  7.3. MOVIMIENTO DEL OESTE 118
    7.3.1. MANIFESTACIÓN CIENTÍFICA 118

7.3.2. ECLECTICISMO: LA ESCUELA FRANCESA 118
7.3.3. MANIFESTACIÓN TÉCNICO-PEDAGÓGICA: EL MÉTODO NATURAL 120
7.4. CONSECUENCIAS DE LOS MOVIMIENTOS GIMNÁSTICOS 124
BIBLIOGRAFIA 125

CAPÍTULO 8. EL NACIMIENTO DEL DEPORTE CONTEMPORÁNEO 127
8.1. ANTECEDENTES DEL DEPORTE CONTEMPORÁNEO 128
8.2. *PUBLIC SCHOOLS*. LA ESCUELA DE RUGBY 131
8.3. GENERALIZACIÓN DEL FENÓMENO DEPORTIVO 134
8.4. COROLARIO SOBRE THOMAS ARNOLD 135
BIBLIOGRAFÍA 136

CAPÍTULO 9. LOS JUEGOS OLÍMPICOS MODERNOS 137
9.1. ANTECEDENTES DE LOS JUEGOS OLÍMPICOS MODERNOS 138
9.2. INICIOS DE LOS JUEGOS OLÍMPICOS MODERNOS 139
9.3. LAS PRIMERAS OLIMPIADAS (1896-1912) 142
9.4. EL PERIODO DE ENTREGUERRAS 146
9.5. EVOLUCIÓN HACIA EL GIGANTISMO 147
9.6. REFLEXIONES FINALES 148
BIBLIOGRAFÍA 150

CAPÍTULO 10. DEPORTE Y RELACIONES INTERNACIONALES DURANTE EL SIGLO XX 151
10.1. EL DEPORTE Y SU TRANSFORMACIÓN EN FENÓMENO SOCIAL 152
10.2. EL DEPORTE Y LA POLÍTICA INTERNACIONAL 153
10.3. PRIMEROS PASOS DEL DEPORTE COMO INSTRUMENTO DE LA POLÍTICA INTERNACIONAL 155
10.4. LA UTILIZACIÓN DEL DEPORTE EN LA POLÍTICA INTERNACIONAL 157
10.5. ACONTECIMIENTOS DEPORTIVOS CONCRETOS 158
BIBLIOGRAFÍA 161

CAPÍTULO 11. LA GIMNÁSTICA Y EL DEPORTE EN ESPAÑA 1800-1975 163
11.1. ORÍGENES DE LA GIMNÁSTICA EN ESPAÑA 164
11.2. ORÍGENES DEL DEPORTE EN ESPAÑA 168
11.3. LA EDUCACIÓN FÍSICA 1900-1936 170
11.4. LA INSTITUCIÓN LIBRE DE ENSEÑANZA 172
11.5. EL DEPORTE DE 1900 A 1936 174
11.6. EL DEPORTE DURANTE LA DICTADURA FRANQUISTA (1939-1975) 176
11.7. LA EDUCACIÓN FÍSICA DURANTE LA DICTADURA FRANQUISTA (1939-1975) 178
BIBLIOGRAFÍA 180

INTRODUCCIÓN

Desde hace unos años, como profesor de la asignatura *Teoría e historia de la Educación Física, actividad física y deporte*, percibo que el alumnado suele tener problemas a la hora de afrontar la asignatura, no me refiero sólo a aprobarla, sino a la motivación que muestran con respecto a ella. En relación a ello he identificado dos factores como determinantes de esta problemática, en primer lugar, cierta desconexión con las disciplinas vinculadas a las ciencias humanas, pues consideran, desde mi punto de vista erróneamente, que la Educación Física y el deporte están, prácticamente en exclusividad, vinculados a las ciencias biológicas. En segundo lugar, la gran cantidad de fuentes que se utilizan en esta materia (manuales, artículos, fuentes primarias,...), que en muchas ocasiones acaban por sobrepasarles y minar la ya de por si escasa motivación que suelen tener.

Ante esta situación, siempre apelaba al lema del Comité Europeo de Historia del Deporte *Cognita historia futurum figurare*. A partir de él y de no pocas charlas de concienciación, comenzaban a ser conscientes de que todos tenemos un pasado que nos influye en lo que somos hoy día y, de igual forma, la Educación Física y el deporte también tienen su pasado. El estudio del pasado de estas disciplinas, ayuda a entender mejor lo que son hoy día e incluso a proyectar la evolución futura que puedan llegar a tener.

Este nuevo punto de partida estimulaba bastante al alumnado, sin embargo al enfrentarse a la complejidad de la asignatura y de sus variadas fuentes, la desidia volvía a hacer mella. En este escenario, aun siendo consciente de que cierto grado de comodidad se ha instalado en muchos de estos alumnos y alumnas, no en todos, decidí facilitarles la información básica que debían manejar y estudiar. En relación a ello es preciso que aclare lo siguiente: proporcionarles esa información, no implicaba que pudieran desentenderse de complementarla con otras fuentes adicionales que mejoraran sus conocimientos. De esta forma la actitud activa ante la adquisición de conocimientos se respeta, a la vez que se cuenta con los contenidos mínimos que el alumnado de la asignatura debe dominar.

Estas circunstancias son las que me llevaron a plantearme la redacción de este manual, cuya finalidad no es llegar a ser una publicación de gran impacto científico, ni convertirse en un *vademecum* de la disciplina. Es más, no está pensado para especialistas, ni deben esperar una información completa y definitiva sobre los temas que aparecen en el índice. Simplemente, trata de ser una guía, fundamentada en las principales publicaciones que existen al respecto, para los estudiantes de la asignatura *Teoría e historia de la Educación Física, actividad física y deporte* del *Grado en Ciencias de la Actividad Física y el Deporte*.

Esta motivación es la que ha guiado la redacción de este libro, por lo que encontrarán en él un marcado carácter didáctico, con mapas conceptuales, frases en mayúsculas que sintetizan las ideas básicas, así como un lenguaje sencillo, explicativo y especialmente dirigido a este alumnado.

Por último, indicar que la primera parte del manual, conformada por cuatro capítulos, se centra en la teoría de la Educación Física y el deporte. La segunda parte, compuesta por siete capítulos, está dedicada a la historia contemporánea de estas disciplinas, siendo su punto de partida la Ilustración, pues durante ese periodo histórico surgieron los cimientos de lo que son hoy día.

TEORÍA DE LA EDUCACIÓN FÍSICA Y EL DEPORTE

Capítulo 1
EPISTEMOLOGÍA DE LAS CIENCIAS QUE INVESTIGAN LA ACTIVIDAD FÍSICA Y EL DEPORTE

En este primer capítulo explicaré conceptos esenciales relacionados con las ciencias que estudian nuestro ámbito de actuación profesional que, atendiendo a la denominación del título de Grado que ustedes estudian, es la actividad física y el deporte.

No ahondaré en este capítulo en la pertinencia del concepto actividad física y deporte, sin embargo pueden intuir que existe cierta controversia al respecto. No en vano a este título universitario hasta hace pocos años, y todavía de formal coloquial, se le conoce como INEF (que significa Instituto Nacional de Educación Física) y, por ejemplo, en la vecina Portugal se le conoce como ciencias de la motricidad humana.

No obstante, sí son precisas algunas reflexiones sobre el estatus científico de estas ciencias que estudian la actividad física y el deporte. Como exponen en su libro Gutiérrez y Oña (2005), el dualismo antropológico creado por Sócrates y Platón, en el que se diferenciaba entre el cuerpo y el alma, fue heredado directamente por el Cristianismo. Esta religión, imperante en todo occidente, contribuyó decisivamente y casi hasta nuestros días a una concepción negativa de todo lo corporal. Pero no sólo el Cristianismo, también muchos educadores, filósofos, políticos e incluso artistas y escritores alimentaron esta percepción despreciativa del cuerpo, que llega hasta nuestros días como parte integrante de la cultura occidental.

Este contexto de prejuicios hacia lo corporal es, en gran medida, el responsable del atraso que la actividad física y el deporte han sufrido a la hora de integrarse en el ámbito científico. De hecho, todavía hoy en día hay sectores que consideran que nos hallamos en un periodo pre-científico, pues a diferencia, por ejemplo, de la química o la psicología, que tienen claro su ámbito de estudio: ¿qué se estudia dentro de la actividad física y el deporte? ¿Tal vez estudiamos la educación física? ¿Acaso los diferentes deportes? ¿Quizás el ejercicio físico? ¿O, como dicen en Cuba, la cultura física?

No hay una definición clara, precisa e inequívoca de cual es nuestro objeto de estudio. Pero, no quiero adelantarme: ese asunto será tratado en el segundo capítulo; por ahora me contento con que entendáis qué es la ciencia y qué características tiene, porque sino será imposible dilucidar qué son las ciencias de la actividad física y el deporte. En el caso de que existan.

A continuación os expongo un esquema sobre los contenidos que se tratarán en este capítulo:

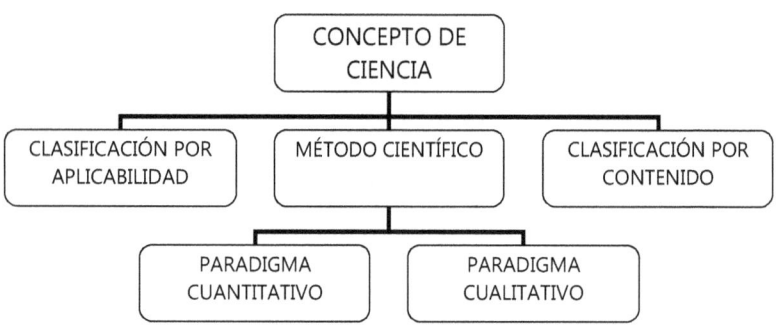

Figura 1. Contenidos del Capítulo 1.

1.1. CONCEPTUALIZACIÓN DE LA CIENCIA

Cuando hablamos de ciencia suele ocurrir que imaginamos a unos científicos en sus laboratorios, que experimentan con ratones para buscar la vacuna del SIDA. Bien, posiblemente esos científicos estén siguiendo los principios de la ciencia, pero igualmente también los puede estar siguiendo el profesor que investiga el estilo de enseñanza más eficaz para el aprendizaje de una habilidad deportiva concreta.

La idea fundamental es que el hecho de buscar conocimiento de índole científica no depende de qué se esté investigado, sino de la forma en que se adquiere ese conocimiento.

El Diccionario de la Real Academia Española de la Lengua define a la ciencia como "el conjunto de conocimientos obtenidos mediante la observación y el razonamiento, sistemáticamente estructurados y de los que se deducen principios y leyes generales". Como vemos, esta definición insiste mucho en la sistematización del proceso a seguir para obtener conocimientos de índole científica. Esta sistematización viene definida por un método específico que todo científico sigue para la obtención de conocimiento, se trata del llamado método científico. La utilización de este método es la primordial diferencia de la ciencia con respecto a otras formas de obtener conocimiento (religioso, personal,...).

De hecho, casi todas las definiciones del concepto ciencia, coinciden con lo expuesto. Por dar una de estas definiciones para que os sirva como referencia, cito a Mario Bunge (1985), quien la define como la disciplina que utiliza el método científico con la finalidad de hallar estructuras generales o leyes.

En relación a esta definición hay que destacar, además de la utilización del método científico como forma de obtener conocimientos, el hecho de que la búsqueda de estructuras y leyes generales tiene como finalidad comprender mejor el mundo que nos rodea, lo cual incide de forma positiva en la vida de las personas.

Como observamos en ningún momento esta definición de ciencia se refiere a contenidos concretos; como indiqué con anterioridad, puede hacerse ciencia en un laboratorio o en una clase de Educación Física.

LA CIENCIA NO TIENE QUE VER TANTO CON LO QUE SE ESTUDIA SINO CON LA FORMA EN QUE SE ESTUDIA.

Gutiérrez y Oña (2005), acertadamente, aclaran que la ciencia, al referirse a aspectos metodológicos, impide definir la ciencia específica de la actividad física y el deporte. En lugar de ello habría que referirse a la ciencia que tiene como objeto de estudio la actividad física y el deporte. Es decir, la ciencia no se define por su contenido, sino por su método para adquirir el conocimiento.

1.2. CLASIFICACIÓN DE LA CIENCIA EN FUNCIÓN DE SU APLICABILIDAD.

Cuándo un astrofísico investiga el origen de los agujeros negros: ¿está desarrollando el mismo tipo de ciencia que cuando un ingeniero investiga el diseño de un medidor de lactato subacuático?

Obviamente no, aunque ambos puedan seguir los principios del método científico en la búsqueda de soluciones a los problemas que se han planteado y, por tanto, ambos estén dentro del ámbito científico.

Según Bunge (1997), la investigación científica puede ser de dos tipos. En primer lugar de ciencia básica, que según Gutiérrez y Oña (2005) consiste en la aplicación del método científico a problemas que le interesan al investigador para enriquecer su conocimiento científico y el de la humanidad. En segundo lugar de ciencia aplicada, que aborda problemas con un posible sentido práctico para la sociedad. No obstante, estas diferencias no implican una desconexión entre ambas; de hecho, la aplicada tiene su base en los descubrimientos de la básica.

Sin embargo, existe un tercer nivel de concreción en cuanto a la aplicabilidad, en el que encontramos la tecnología. Como expuso Bunge (1997), la investigación científica se centra en la adquisición de conocimiento, mientras que la tecnología pretende hacer algo que tenga valor práctico para uno o varios grupos sociales. En relación a ello es preciso que matice que, para la tecnología, la ciencia no es un fin sino un medio: lo importante es lograr los objetivos pretendidos a nivel social, se utilice o no el método científico (Gutiérrez y Oña, 2005). Por tanto, la tecnología puede encontrarse dentro del ámbito científico, pero también fuera de él y no por ello pierde valor aplicativo.

Por último, pondré un ejemplo aclaratorio en el ámbito de la actividad física y el deporte: Cuando un investigador se plantea cuál es el funcionamiento de los tendones de los dedos de la mano, simplemente por el hecho de conocer ese funcionamiento, está dentro del ámbito de la ciencia básica. Sin embargo, si otro investigador, aprovechando los resultados de la investigación del anterior, crea y valida un protocolo para determinar posibles lesiones en esos tendones en el caso de jugadores de balonmano que presentan dolor en la sujeción del balón, está dentro de la ciencia aplicada. Finalmente, si un ingeniero diseña un aparato que automatice la aplicación del protocolo anterior, estaría dentro del campo tecnológico.

1.3. CLASIFICACIÓN DE LA CIENCIA EN FUNCIÓN DEL CONTENIDO

La ciencia consiste en aplicar el método científico en la búsqueda de soluciones a problemas que son de interés, bien sea para la sociedad en general, para un colectivo o incluso para una sola persona.

Sin perder de vista la proposición anterior, por la que habría una única ciencia que estudia una gran diversidad de problemas, está comúnmente aceptado que, en base al objeto de estudio, se establecen diferentes ciencias. Varias son las clasificaciones existentes al respecto, en nuestro caso utilizaremos la propuesta por el epistemólogo alemán Rudolf Carnap (1969):

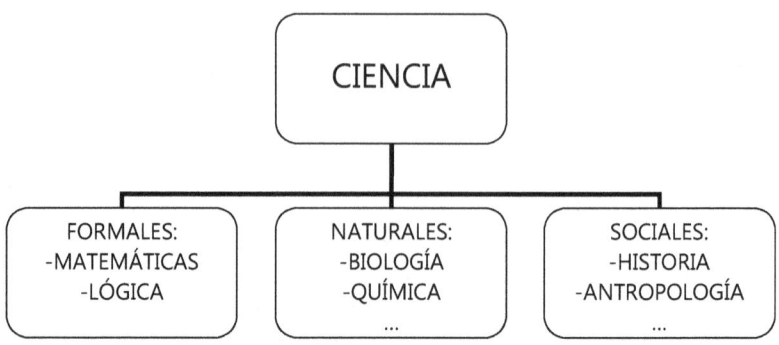

Figura 2. Clasificación de las ciencias según Carnap.

Las ciencias formales no tienen un contenido concreto que se halle en la realidad, sino que su objeto de estudio se centra en relaciones abstractas entre signos o ideas (Bunge, 1997); por tanto, no precisan de la realidad circundante para confirmar sus formulaciones.

Las naturales y sociales se engloban en las llamadas por Bunge (1997) ciencias fácticas, pues precisan de la realidad para confirmar sus teorías. Las primeras (es decir, las naturales) estudian los fenómenos del medio físico, incluyendo la materia inerte y los seres vivos. Las sociales se ocupan de aspectos relacionados con las sociedades y las culturas en las que vive o ha vivido el ser humano.

Dentro de cada una de estas ciencias existen diferentes disciplinas y subdisciplinas en función de las variadísimas temáticas de estudio que pueden abordar. Por ejemplo, dentro de las ciencias naturales encontramos a la física y dentro de ésta podemos hallar la mecánica, la termodinámica o la física de partículas entre otras.

1.4. CIENCIAS DE LA ACTIVIDAD FÍSICA Y EL DEPORTE

En el contexto expuesto en el anterior epígrafe, cabe preguntarse: ¿dónde se hallan las ciencias que estudian la actividad física y el deporte? En nuestro caso, ante la amplia variedad existente de taxonomías de la ciencia y con el fin de proponer una clasificación integradora, clarificadora pero no exhaustiva de las ciencias que estudian la actividad física y el deporte, presento una adaptación propia de la clasificación propuesta por Abernethy et al. (1997, citado por Gutiérrez y Oña, 2005) en consonancia con las aportaciones al respecto de Carnap (1969) y Bunge (1985):

Tabla 1. *Clasificación de las ciencias que estudian la actividad física y el deporte.*

CIENCIAS	Naturales		Socioculturales	
PERSPECTIVAS CIENTÍFICAS	Ciencias biológicas	Ciencias físicas	Ciencias sociales	Humanidades
DISCIPLINAS	Anatomía	Química	Psicología	Antropología
	Bioquímica	Física	Educación	Filosofía
	Fisiología	Informática	Sociología	Historia
SUBDISCIPLINAS EN LA ACTIVIDAD FÍSICA Y EL DEPORTE	Anatomía funcional, Biomecánica, Fisiología del Ejercicio, Psicología del deporte, Sociología de la actividad física y el deporte, Pedagogía de la educación física, Historia de la actividad física y el deporte, etc.			

La clasificación expuesta no está completa ni es absoluta, sino explicativa, de forma que en ella se podrían incluir otras muchas subdisciplinas que investigan la actividad física y el deporte. Lo que pretendo con esta clasificación es, únicamente, exponer con claridad los cimientos de las subdisciplinas que estudian este campo.

En relación a estas subdisciplinas, es importante reseñar que se basan en interrelaciones entre disciplinas. Por tanto tienen un carácter híbrido, estudiando un mismo problema a partir de elementos de las diferentes disciplinas en las que se fundamentan. Por ejemplo la anatomía funcional se basa en la fisiología y la anatomía, la historia de la actividad física y el deporte en la antropología y la historia. En cuanto al resto, tanto las citadas como las que no lo están, sólo tenéis que reflexionar un poco para dilucidar las disciplinas en las que entroncan.

1.5. PARADIGMAS CIENTÍFICOS EN CIENCIAS DE LA ACTIVIDAD FÍSICA Y EL DEPORTE

En el primer epígrafe quedó muy claro que el conocimiento científico es aquel que se obtiene por la aplicación del método científico. En el segundo epígrafe expliqué los tipos de ciencia en función de su aplicabilidad. En el tercero expuse una clasificación de las ciencias en función de las temáticas que investigan y en el cuarto cuáles son las ciencias que estudian la actividad física y el deporte.

Sin embargo, ya sea en ciencia básica o en aplicada, en antropología o en sociología, en psicología del deporte o en historia de la actividad física y el deporte, la utilización del método científico puede variar según el punto de partida del investigador.

Por ejemplo, estudiar los hábitos de práctica deportiva de 100 mujeres mayores de 60 años, puede investigarse solicitando a todas esas mujeres que rellenen vía on-line alguno de los cuestionarios validados que existen al respecto (se trata de un conjunto de preguntas que tienen varias opciones de respuestas, en las que el sujeto indica la que más se ajusta a su caso). A partir de las respuestas, el investigador determina que porcentaje ha obtenido cada una de las opciones previstas en las diferentes preguntas. Con esos datos hace una valoración sobre los hábitos de práctica deportiva de estas mujeres.

Pero también puede estudiarse entrevistando a una selección de esas mujeres o incluso a todas, de manera que expongan sin el corsé de las preguntas cerradas su parecer respecto a sus hábitos de práctica deportiva. En este caso el investigador busca conocer cada caso particular en profundidad y ver similitudes con otros casos. A partir de todo ello, expondrá sus conclusiones respecto a los hábitos deportivos de este grupo de personas.

En ambos ejemplos se puede seguir el método científico, pero son formas diferentes de aplicarlo. Esas diferencias van más allá de que uno entreviste y el otro utilice un cuestionario a partir de una aplicación informática. Si observamos con detenimiento, uno de los investigadores trata de no influir en estas mujeres, queriendo cuantificar y clasificar sus respuestas para determinar que hábitos deportivos tienen. Por su parte el investigador que opta por entrevistar, obviamente, influye en estas mujeres (su forma de preguntar, sus gestos, su insistencia en determinados aspectos,...), pero al entrevistarlas no denota que quiera clasificarlas en función de las respuestas que den, más bien parece que quiere comprender cada caso en profundidad y comparar diferentes casos para valorar las coincidencias y las diferencias.

Estas diferentes versiones del método científico es lo que Kuhn (1962) definió como paradigmas científicos, entendiendo como tales al conjunto de logros aceptados y compartidos por los miembros de una comunidad científica que los utiliza para definir y resolver problemas.

UN PARADIGMA ES LA GUÍA QUE UTILIZAMOS A LA HORA DE APLICAR EL MÉTODO CIENTÍFICO.

Según este mismo autor, un paradigma mantiene su vigencia en un ámbito concreto durante un tiempo; cuando sus limitaciones le impiden dar respuestas a problemas concretos, se produce una revolución científica, que provoca un cambio de paradigma dentro de ese ámbito del conocimiento científico.

En el caso de la actividad física y el deporte existen dos paradigmas científicos: el cuantitativo o positivista y el cualitativo o naturalista.

El paradigma cuantitativo se fundamenta en la observación empírica de los hechos, la interpretación de esos hechos y su integración en el cuerpo de conocimientos científicos, siguiendo siempre esta estructura lineal. En este paradigma el papel del investigador consiste en plantear la investigación, recopilar los datos de forma objetiva (sin influir en esa recopilación) e interpretarlos a la luz de las teorías existentes, buscando generalizaciones extrapolables a otros sujetos diferentes a los específicamente estudiados.

El paradigma cualitativo inicialmente se llamó naturalista, denominación mucho más correcta, ya que el término cualitativo puede llevar a la confusión de que este paradigma no cuantifica ni realiza pruebas de tipo estadístico. Sin embargo, el término naturalista describe perfectamente una de sus características fundamentales: los datos no se recogen de forma aséptica en el contexto propio de un laboratorio, sino que se toman de la realidad misma, del contexto preciso donde se desarrolla el objeto de la investigación. En esta recogida de datos el investigador interviene de forma interactiva en todo el proceso. Además, contrariamente al carácter lineal y cerrado de la investigación cuantitativa, la cualitativa sigue un proceso emergente y flexible, tratando de describir y explicar el significado de las experiencias humanas concretas, sin tratar de lograr generalizaciones como fin último (Sandín, 2003).

Durante el siglo XX, y aun en la actualidad, el paradigma cuantitativo ha sido el predominante en los estudios científicos sobre la actividad física y el deporte. Si bien progresivamente el paradigma cualitativo (mucho más joven que el cuantitativo) se va asentando y cada vez son más las investigaciones que se basan en este modelo para hacer ciencia.

Finalmente, quiero subrayar que inicialmente existió un enfrentamiento entre los investigadores cuantitativos y los cualitativos. Este enfrentamiento parece ya superado, incluso proliferan las investigaciones de carácter híbrido que combinan ambos paradigmas, opción muy inteligente porque permite incluir en los estudios los aspectos positivos de uno y otro.

BIBLIOGRAFÍA

Bunge, M. (1985). *Epistemología. Curso de actualización*. Barcelona: Ariel.

Bunge, M. (1997). *La causalidad: el principio de causalidad en la ciencia moderna*. Buenos Aires: Editorial Sudamericana.

Carnap, R. (1969). *Fundamentación lógica de la física*. Buenos Aires: Editorial Sudamericana.

Gutiérrez, M. y Oña, A. (2005). *Metodología en las Ciencias del Deporte*. Madrid: Síntesis.

Kuhn, T.S. (1962). *The structure of scientific revolutions*. Chicago: University of Chicago Press.

Sandín, Mª P. (2003). *Investigación cualitativa en educación: fundamentos y tradiciones*. Madrid: McGraw-Hill.

Capítulo 2
OBJETO DE ESTUDIO DE LAS CIENCIAS DE LA ACTIVIDAD FÍSICA Y EL DEPORTE

En este segundo capítulo abordaré un asunto que quedó aplazado en el primero: me refiero al objeto de estudio de las ciencias de la actividad física y el deporte o, para dejarlo más patente, la cuestión es dar respuesta a la pregunta siguiente: ¿qué se estudia concretamente en el campo de las ciencias de la actividad física y el deporte?

No es un tema baladí; de hecho, no existe una visión unitaria al respecto, a pesar de que ha sido (y sigue siendo) un tema de interés para la comunidad científica especialista en este ámbito. El porqué de ese interés es bien claro: si contáramos con un objeto de estudio concreto, estaríamos en posición de definir una ciencia específica para el campo de la actividad física y el deporte. De esa forma no estructuraríamos nuestro ámbito científico a partir de subdisciplinas que estudian la actividad física y el deporte (tal y como se expuso en el primer capítulo), sino que tendríamos nuestra propia ciencia.

Muchas figuras han sido las que se han aventurado a establecer el objeto de estudio de este campo del saber, como por ejemplo Cagigal, Grupe o Parlebas. Sin embargo, no existe una definición firmemente aceptada por todos estos autores e incluso se dan notables discrepancias entre algunos de ellos.

En este capítulo trataré de exponeros las teorías de referencia en relación al objeto de estudio de las ciencias de la actividad física y el deporte. Me detendré de forma específica en las teorías de Cagigal, Grupe y Kirk; y trataré de una forma más general las de Vicente, Parlebas y Sergio.

Por último, con el fin de que tengáis un esquema inicial que os oriente sobre estas teorías, os presento el siguiente esquema:

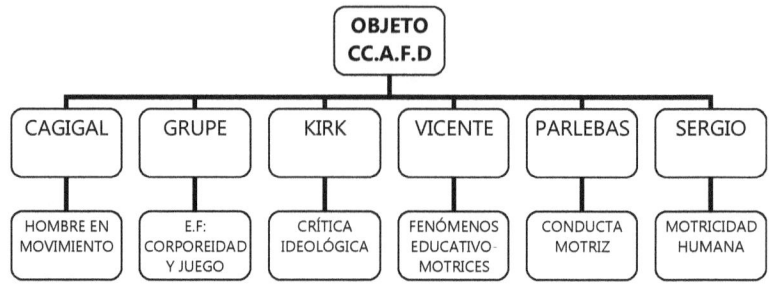

Figura 3. Contenidos del Capítulo 2.

2.1. ¿CIENCIAS DE LA ACTIVIDAD FÍSICA Y EL DEPORTE?

En España, el título de grado que ustedes estudian se denomina Ciencias de la Actividad Física y del Deporte, de ahí que utilice ese nombre para referirme a este campo del saber.

¿De dónde proviene esa denominación? Como expone Paredes (2003), se trata de un acuerdo adoptado, con una motivación de índole academicista, por parte del Consejo de Universidades, los antiguos INEF y las distintas facultades. Estas instituciones optaron por este nombre porque aglutina a la corporeidad, la motricidad, el movimiento humano, el juego, así como al deporte. En este último caso, por su importancia social y cultural, requería de un apartado especial dentro de la denominación adoptada.

No obstante, esta apelativo "español" no es adoptado internacionalmente, existiendo otras posibilidades al respecto. Como muestra de ello presento algunas referencias:

Tabla 2. *Distintas denominaciones para el campo de las ciencias de la actividad física y el deporte.*

NOMBRE	PROPONENTE	PAÍS
Kinantropología	Universidad de Lieja	Bélgica
Conducta motriz	Pierre Parlebas	Francia
Ciencias de la actividad motora	Instituto de Medicina del Deporte de Roma	Italia
Ciencias de la motricidad humana	Manuel Sergio	Portugal
Ciencias del ejercicio	Universidad de Illinois	Estados Unidos

Esta amplitud conceptual en los términos que definen este campo del conocimiento no es casual y remite a un hecho de enorme trascendencia, que ya fue referido en la introducción: no existe una definición clara y precisa del objeto de estudio de las ciencias de la actividad física y el deporte. Es por ello que, en función de cómo entiende cada institución o investigador ese objeto, se define este campo del conocimiento. Todo ello ha desembocado en una multitud de nombres que, paradójicamente y superando las diferencias dialécticas, se refieren básicamente al mismo objeto de estudio.

MULTITUD DE NOMBRES PORQUE NO ESTÁ CLARO EL OBJETO DE ESTUDIO.

Llegados a este punto surge la pregunta siguiente: ¿cuál es el objeto de estudio de las ciencias de la actividad física y el deporte? Para responder a esta cuestión, previamente hay que saber: ¿cómo tiene que ser un objeto de estudio? Porque sin saber sus características definitorias, difícilmente podremos tratar de concretar el objeto específico de nuestro ámbito.

En relación a la primera cuestión a responder, indicaros que un objeto de estudio debe ajustarse, por un lado, al nivel de concreción y operatividad de todo conocimiento científico y, por otro lado, a un nivel de circunscripción suficiente que lo delimite como un elemento claramente identificativo de una ciencia (Gutiérrez y Oña, 2005).

Ahora es cuando se plantea el dilema fundamental, ¿cómo definir con concreción y operatividad un objeto de estudio claramente identificativo para un ámbito que se extiende desde el movimiento y el hombre en movimiento, hasta el deporte y la formación física? Este gran ejercicio intelectual es básico para conseguir un estatus científico propio y también para unificar la diversidad de planteamientos existentes (Vaquero, 2001).

En los siguientes epígrafes explicaré la concepción que, sobre el objeto de estudio de lo que en España denominamos ciencias de la actividad física y del deporte, tienen los principales autores que se han embarcado en esta dificultosa tarea.

2.2. JOSÉ MARÍA CAGIGAL: EL HOMBRE EN MOVIMIENTO

Cagigal realizó dos publicaciones en las que abordaba el objeto de estudio de lo que hoy llamamos ciencias de la actividad física y del deporte, en concreto se trata de *La educación física ¿ciencia?* (1968) y *El deporte ante las ciencias del hombre* (1983) publicado a título póstumo.

El planteamiento inicial de Cagigal es que la Educación Física (término que él solía utilizar y que comúnmente se empleó en España hasta bien entrada la década de 1980) se ocupa de educar a partir del cuerpo, pero no es una educación del cuerpo (Rodríguez, 1995). Por tanto, ya podemos observar una de las características esenciales de su propuesta, el protagonismo del ámbito educativo.

A partir de este punto de partida, y en consonancia con las teorías de Diem (citado por Rodríguez, 1995), que defendía una ciencia del hombre en movimiento, Cagigal (1968) afirma: "podríamos definir el objeto de estudio de nuestra ciencia como el hombre en movimiento, y las relaciones sociales creadas a partir de esta aptitud o actitud. Así, el mundo del deporte, hasta sus más empinadas manifestaciones, son objeto de estudio de esta ciencia" (p. 21).

CAGIGAL: EL OBJETO DE ESTUDIO DE NUESTRA CIENCIA ES EL HOMBRE EN MOVIMIENTO.

Según este autor, en este objeto tendrían cabida desde las prácticas físicas espontáneas o las competiciones, hasta el examen de la fibra muscular en movimiento o las relaciones sociales que se producen en el campo de las prácticas físicas.

Sin embargo, Cagigal aclara que este objeto de estudio no lo tiene en exclusividad la ciencia del hombre en movimiento, pues lo comparte con otras ciencias como la anatomía funcional, la biomecánica, la fisiología, la psicología, etc. (Rodríguez, 1995). En principio, plantea que la diferencia entre unas y otras estriba en los niveles de alcance del objeto y, por tanto, en los diferentes objetivos que se marcan. Pero, finalmente y ante la problemática epistemológica que le supuso la búsqueda de una definición precisa y diferenciada del objeto de estudio que él defendía, acaba afirmando que "la fijación estricta de fronteras es tarea que ha servido a muchas divagaciones y seguirá sirviendo, sin que se llegue nunca a resultados definitivos" (Cagigal, 1968, p. 24).

Por tanto, como expone Rodríguez (1995) "renuncia, de momento, a una identificación plena del objeto de estudio" (p. 237). No obstante, a pesar de esta renuncia, sí continúa matizando ciertos aspectos de esta ciencia que estudia al hombre en movimiento y que delimitan en cierta forma su identidad científica. En concreto, defiende que esta ciencia va configurándose cada vez más en el campo de las ciencias humanísticas (aquellas que se ocupan del hombre). De hecho, Cagigal afirma que las ciencias madres de las que surge la ciencia del hombre en movimiento son la anatomía, la fisiología y la pedagogía pero, mientras que las dos primeras han sido simples ayudas históricas, la última es la que va a identificar realmente a esta nueva ciencia (Rodríguez, 1995).

CIENCIAS MADRES DEL HOMBRE EN MOVIMIENTO: ANATOMÍA, FISIOLOGÍA Y, SOBRETODO, PEDAGOGÍA.

Finalmente, una vez expuesta su teoría, es importante resaltar que Cagigal (1983) entendía que la relación de la ciencia del hombre en movimiento con sus ciencias madres, en especial con la pedagogía, no debía negarse, pues la búsqueda de una ciencia autóctona específica e independiente abocaría a un suicidio no sólo científico sino también cultural.

2.3. OMMO GRUPE: EDUCACIÓN FÍSICA DENTRO DE LA EDUCACIÓN

Este autor parte de la idea epistemológica de que una ciencia no surge como ciencia, sino que al principio es una teoría en torno a un ámbito novedoso sobre el que existe interés suficiente como para que sea investigado. En este estadio no cuenta ni con una estructura ni con un repertorio metodológico propio, sino que se rige por los cánones de otra ciencia ya existente (Rodríguez, 1995). Según Grupe (1976), una teoría no se constituye como ciencia hasta que no existe una organización y una estructuración sistemática de conocimientos, datos, métodos y experiencias que se refieren a un mismo objeto y que fundamentan la autonomía de esta teoría.

Bajo esta premisa, este autor rechaza la definición de una ciencia del deporte o de una ciencia de la Educación Física, porque no sólo es necesario el objeto de estudio: también lo son la forma de estudiarlo y exponerlo para determinar que efectivamente se trata de una ciencia (Rodríguez, 1995).

Argumenta Grupe que la forma o formas de estudiar este objeto de estudio serían la historia, la sociología, la psicología, etc. Por ejemplo, cuando se investigan históricamente las connotaciones políticas de la Educación Física franquista, la ciencia implicada en esa investigación es la historia y no la Educación Física. De igual forma, cuando se hace un estudio de historia de la literatura a partir de las actividades deportivas que aparecen en *El Quijote*, no se puede considerar un estudio de la ciencia del deporte, sólo porque el tema central sea el deporte.

Entonces, surge la cuestión siguiente: ¿dónde encuadrar científicamente a la actividad física y el deporte? Según Grupe (1976), la pedagogía es la ciencia que mejor puede albergar a este campo, ofreciendo un conjunto de métodos y conceptos que son los que mejor se adaptan al mismo. Así, la pedagogía sería una especie de elemento unificador, que no sólo mantiene unidas las tendencias centrífugas de la especialidad, sino que es base para su propia comprensión científica.

LA PEDAGOGÍA ES LA CIENCIA DONDE SE INSERTA LA ACTIVIDAD FÍSICA Y EL DEPORTE.

No obstante, aclara Grupe (1976) que este encuadre es posible gracias a una interpretación amplia de la educación, entendiéndola como "la instauración y afirmación del carácter humano del hombre en medio del mundo (...) Si se concibe así la educación, entrarán en ella, no sólo la educación física con su intención educativa más o menos clara en un sentido caracterológico, social, estético o higiénico, sino también, el juego libre del niño y del hombre maduro, el deporte tanto escolar como de grupos juveniles, de clubs o totalmente privado, todos los ejercicios físicos (desde la gimnasia hasta la marcha, desde el juego de equipo hasta el infantil, pasando por la danza y la competición deportiva) y tanto la educación higiénica como la formación del movimiento o de la postura" (p. 26).

Una vez aclarado que es en la pedagogía donde la actividad física y el deporte encuentran cobertura científica, queda por dilucidar cuál es el nivel científico en el que se encuentra este campo de conocimientos. Para Grupe (1976), lo que comúnmente denominados actividad física y deporte, se encuadra en una teoría[1] que él de-

---

[1] El concepto de teoría debe entenderse bajo el significado que le asigna este autor.

nomina Educación Física. El objeto de estudio que fundamenta a esta teoría queda definido por la corporeidad (relación del hombre con el cuerpo) y el juego (como forma fundamental de la existencia), valorando las influencias que estos elementos tienen dentro de la educación.

LA EDUCACIÓN FÍSICA ES UNA TEORÍA, CUYO OBJETO ES LA CORPOREIDAD Y EL JUEGO.

Como afirma Rodríguez (1995), se echa en falta un tercer elemento que sería el movimiento, pero éste puede ser incluido como parte de la corporeidad (complemento y continuidad necesaria de ésta) y también como parte del juego (movimiento de carácter lúdico diferente al propio del trabajo productivo).

Como conclusión final, recojo una cita de Grupe (1976) que sintetiza claramente su teoría: "la Educación Física estudia, en el marco de la educación, las consecuencias y deducciones que de esos dos principios[2] pueden hacerse con respecto a la formación y a la educación en el sentido más amplio" (p. 29).

2.4. DAVID KIRK: CRÍTICA IDEOLÓGICA

Este autor, contrariamente a la tendencia tradicional, rechaza la ciencia por ser un medio opresor en manos del poder (Rodríguez, 1995). Es decir, Kirk (1990) entiende que seguir los postulados de la ciencia implica comulgar y promocionar desde la Educación Física el modelo de sociedad del que surge dicha ciencia. Una sociedad capitalista, injusta e individualista.

SEGUIR A LA CIENCIA IMPLICA SEGUIR Y PERPETUAR LA SOCIEDAD INJUSTA DE LA QUE EMANA.

Más concretamente, defiende que seguir los postulados científicos inhibe la posibilidad de crítica, tratando los contenidos de la

---

[2] Se refiere a los dos elementos que componen el objeto de estudio según Grupe: corporeidad y juego.

Educación Física y los problemas que derivan de los mismos de una forma tecnicista, obviando lo realmente importante que son las implicaciones éticas, políticas y estéticas (Kirk, 2012).

Todo ello ha tenido una influencia muy negativa no sólo en la calidad de la enseñanza de la Educación Física, sino también en la concepción que de esta materia tiene el profesorado. De hecho, este autor considera que esta materia se ha convertido en una de las mejores difusoras de los valores propios de la sociedad actual: individualismo, elitismo, disciplina, orden, competitividad, productividad, heteronormatividad, etc.

Bajo estos presupuestos, Kirk (1990) llama a la acción, al cambio, para romper con la tendencia cientifista de nuestra materia por ser alienante y perpetuadora de una sociedad represiva y conformista, proponiendo como primeros pasos la crítica a la ideología contenida en el currículum, la promoción del auténtico deporte para todos, del juego y del ocio libre.

ACCIÓN CONTRA EL TECNICISMO Y A FAVOR DE LAS IMPLICACIONES ÉTICAS, POLÍTICAS Y ESTÉTICAS DE LA EDUCACIÓN FÍSICA.

En definitiva, tal y como expone Rodríguez (1995), "la pedagogía crítica de Kirk dice que la visión científica de la sociedad y también de la Educación Física, es acrítica con los fines y potenciadora de la productividad en beneficio del poder y la perpetuación de las injusticias sociales (...) Este rechazo, al menos parcial, de la ciencia, le merece el nombre de antiepistemología" (p. 274).

2.5. OTROS AUTORES DE REFERENCIA: VICENTE, PARLEBAS Y SERGIO

En este epígrafe trataré de forma general las teorías que, con respecto al objeto de estudio de las llamadas ciencias de la actividad física y el deporte, tienen los autores antedichos.

En primer lugar, presentaré la teoría defendida por Miguel Vicente Pedraz (1987), quien entiende que las ciencias de la educación física ocupan la superposición de las ciencias de la actividad física y de las ciencias de la educación.

Para que entendáis mejor esta superposición, es preciso aclarar que Vicente clasifica a las ciencias de la actividad física en cuatro grupos: físico (biomecánica, kinantropología, etc.), cultural (historia del deporte, sociología del deporte, etc.), fisiológico (fisiología general, fisiología del ejercicio, etc.) y educativo, compuesto este último únicamente por la Educación Física. Asimismo, clasifica a las ciencias de la educación en generales (historia de la educación, psicología de la educación, etc.) y específicas, grupo en el que se encuentra, entre otras, la Educación Física.

A partir de esta superposición, define el objeto de estudio de las ciencias de la Educación Física como los fenómenos propios del ámbito educativo que pertenecen al campo de la actividad motriz.

VICENTE: EL OBJETO DE ESTUDIO SON LOS FENÓMENOS EDUCATIVOS DE CARÁCTER MOTRIZ.

En segundo lugar, expondré la teoría del respetado y a la vez criticado Pierre Parlebas. Para este autor, la Educación Física está en crisis por la multitud de concepciones que existen sobre la misma, esta situación la somete a los principios de las ciencias biológicas y de las ciencias humanas (Parlebas, 1987).

Como expone Rodríguez (1995), el rechazo de la sumisión a ciencias externas es el punto central de la teoría de Parlebas. Para ello, propone una ciencia autónoma que permita reclamar un ámbito científico propio; a esta ciencia la denomina praxiología motriz, cuyo campo de estudio no es el movimiento sino el ser que se mueve (Parlebas, 1987). En concreto, propone que el objeto de investigación sea la conducta motriz, entendida como la organización significante del comportamiento motor (Parlebas, 2002). Este objeto de investigación cuenta tanto con los datos observables y objetivos de las acciones motrices (tipos de desplazamientos, gestos, relaciones con otros sujetos, etc.), como con los rasgos subjetivos de la persona en acción (motivaciones, percepciones, tomas de decisión, afectividad, etc.) (Parlebas, 1987).

> PARLEBAS: LA PRAXEOLOGÍA MOTRIZ TIENE COMO OBJETO LA CONDUCTA MOTRIZ, QUE VALORA ASPECTOS EXTERNOS E INTERNOS DEL SER QUE SE MUEVE.

En tercer y último lugar, trataré de explicaros sucintamente la teoría del portugués Manuel Sergio. Para este autor la Educación Física no abarca todo el ámbito de acción de sus profesionales, por lo que es necesaria una ruptura epistemológica en este campo (Sergio, 1999).

A partir de esta propuesta de ruptura, Sergio (1987, citado por Oro 1997) propone una nueva ciencia a la que denomina ciencia de la motricidad humana y la define como "ciencia de comprensión y de explicación de las conductas motoras, visando el estudio y constantes tendencias de la motricidad humana, en orden al desenvolvimiento global del individuo y de la sociedad, teniendo como fundamento lo físico, lo biológico y lo antroposociológico" (p. 153).

Con esta definición supera las manifestaciones que tradicionalmente se incluyen en el campo de la Educación Física, añadiendo muchas otras como las actividades laborales, las manifestaciones circenses e incluso los rituales.

Finalmente, por dar un paso más en la caracterización de esta ciencia, indicaros que la Red Internacional de Investigación en Motricidad Humana (2006), defiende que la motricidad se refiere a las sensaciones conscientes del ser humano en movimiento intencional y significativo dentro del espacio-tiempo, implicando a la percepción, la memoria, la proyección, la afectividad, la emoción y el raciocinio.

> LA CIENCIA DE LA MOTRICIDAD HUMANA ESTUDIA LAS CONDUCTAS MOTORAS DEL SER HUMANO QUE SIENTE, PERCIBE, DESEA Y PIENSA.

BIBLIOGRAFÍA

Cagigal, J.M. (1968). La educación física, ¿ciencia? *Citius, Altius, Fortius* (10), 165-180.

Cagigal, J.M. (1983). El deporte contemporáneo frente a las ciencias del hombre. *I Simposio Nacional: El deporte en la sociedad española contemporánea*, Madrid 23-25 noviembre. Obtenido el 1 de abril, 2013, de http://ruc.udc.es/dspace/bitstream/2183/9761/1/CC_40_1_art_16.pdf

Grupe, O. (1976). *Teoría pedagógica de la Educación Física*. Madrid: Instituto Nacional de Educación Física.

Gutiérrez, M. y Oña, A. (2005). *Metodología en las Ciencias del Deporte*. Madrid: Síntesis.

Kirk, D. (1990). *Educación Física y currículum: introducción crítica*. Valencia: Universitat de València.

Kirk, D. (2012). *Physical education: major themes in education*. Abingdon: Routledge.

Oro, U. (1997). Ciência da motricidade humana: a definiçao de Manuel Sérgio ante a de ciência em Mario Bunge. En *Investigación epistemológica: el campo disciplinar en Educación Física*. Madrid: Consejo Superior de Deportes.

Paredes, J. (2003). *Teoría del Deporte*. Sevilla: Wanceulen.

Parlebas, P. (1987). *Perspectivas para una educación física moderna*. Málaga: Unisport.

Parlebas, P. (2002). *Elementos de sociología del deporte*. Málaga: Instituto Andaluz del Deporte.

Red Internacional de Investigadores en Motricidad Humana. (2006). La ciencia de la motricidad humana (CMH) como área autónoma de conocimiento: Trayectorias desde la Red Internacional de Investigadores en Motricidad Humana. *Integraçao* (46), 247-262.

Rodríguez, J. (1995). *Deporte y Ciencia*. Barcelona: INDE.

Sergio, M. (1999). *Un corte epistemológico: Da educaçao fisica à motricidade humana*. Lisboa: Instituto Piaget.

Vaquero, A. (2001). La cuestión del estatus científico de la educación física en el contexto educativo. *Revista Psicodidáctica* (11), 1-7.

Vicente, M. (1987). *Teoría Pedagógica de la Actividad Física*. Madrid: Gymnos.

Capítulo 3
RESEÑA HISTÓRICA SOBRE NORMATIVA ESPAÑOLA, MANIFIESTOS Y DECLARACIONES INTERNACIONALES SOBRE EDUCACIÓN FISICA Y DEPORTE

El siglo XX es el periodo en el que la Educación Física y el deporte han sido reconocidos y asimilados por la sociedad como partes incuestionables de la misma. Las contribuciones que hacen a ámbitos tan relevantes como la educación, la economía, el entretenimiento, la salud e incluso las relaciones internacionales entre países, ha desembocado no sólo en la toma de conciencia sobre la importancia que tienen hoy día, sino en la necesidad de regular estas prácticas para su correcto aprovechamiento.

Partiendo de este contexto han proliferado los manifiestos y declaraciones internacionales con respecto a la Educación Física y el deporte, y la mayoría de los países occidentales cuentan con una amplia legislación al respecto. En el caso de España, el número de disposiciones legales en relación a estos campos es extenso y, en muchos casos, contradictorio, siendo fiel reflejo de los diferentes periodos por los que pasó este país durante el siglo pasado (monarquía, dictaduras, república, Guerra Civil, democracia,...).

A nivel internacional, con un desarrollo mucho menos tortuoso pero que también ha evolucionado con los tiempos, varias han sido las declaraciones y manifiestos a favor de la Educación Física y el deporte. Se trata de documentos que recogen muchas buenas intenciones y que sirven de marco general, pero no aportan medidas concretas y directas a favor de estos ámbitos. Más bien instan a los gobiernos nacionales a que apuesten decididamente por la Educación Física y el deporte, habida cuenta del gran potencial que tienen.

En este capítulo abordaré, en primer lugar, una breve sinopsis sobre la legislación española más relevante en el ámbito de la Educación Física. En segundo lugar, trataré de explicaros el contenido de las principales declaraciones y manifiestos internacionales referidos tanto a la Educación Física como al deporte. Todo ello queda sintetizado en el siguiente esquema:

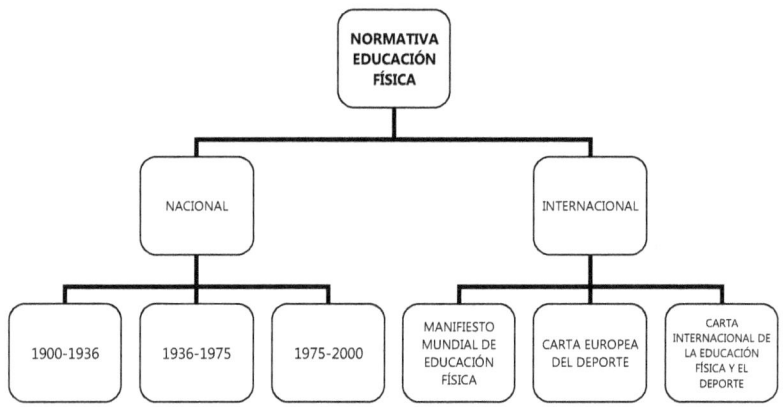

Figura 4: Contenidos del Capítulo 3.

3.1. SINOPSIS LEGISLATIVA SOBRE LA EDUCACIÓN FÍSICA EN ESPAÑA DURANTE EL SIGLO XX

La normativa relacionada con la Educación Física durante el siglo XX, ha estado muy marcada por el devenir político de este siglo que, como es sabido, ha sido bastante turbulento. Todo ello ha limitado sobremanera el desarrollo de esta disciplina, afectando a la evolución de sus contenidos, de sus métodos, a la formación de su profesorado, así como a la consideración de la misma dentro del sistema educativo y de la sociedad en general.

Sin embargo, desgraciadamente, ésta no es una situación nueva pues el siglo XIX tuvo una tendencia similar, si es que no fue peor. Como ejemplo ilustrativo os presento la línea cronológica elaborada por Camps (1989), sobre la legislación en torno a la Educación Física dentro del sistema educativo en los últimos años de ese siglo:

-Octubre de 1894: asignatura obligatoria con dos horas a la semana.

-Enero de 1895: asignatura obligatoria con una hora a la semana.

-Junio de 1895: asignatura voluntaria sin especificarse el número de horas.

-Octubre de 1896: asignatura obligatoria sólo en bachiller, con una hora diaria, pero sólo durante dos de los cinco años que conforman este nivel educativo.

-Agosto de 1897: asignatura obligatoria en todos los niveles educativos, con tres horas semanales.

-Mayo de 1899: asignatura voluntaria sin especificarse el número de horas.

-Junio de 1900: asignatura obligatoria pero sin examen.

EL siglo XX, aun teniendo bastantes vaivenes legislativos en torno a la Educación Física, no será tan mareante como el final de la centuria anterior. De tal forma que, si bien se producirán muchos cambios en la conceptualización, orientación e importancia de esta materia, éstos serán más permanentes en el tiempo.

Siguiendo el carácter sinóptico de este epígrafe, citaré en primer lugar el Real Decreto de 26 de octubre de 1901, por el que se reformaba la Ley General de Instrucción Pública de 1857, conocida como Ley Moyano. Esta reforma incluía en su listado de asignaturas a la Educación Física[3] en toda la primaria. En el caso del bachiller, aunque hubo bastantes variaciones en los planes de estudios que emanaron de esta reforma, siempre se mantuvo como asignatura obligatoria.

---

[3] Las denominaciones de esta disciplina fueron muy variadas: gimnasia, gimnasia de sala, ejercicios físicos, gimnasia higiénica,...Este capítulo no se centra en la evolución terminológica de la Educación Física, por lo que de forma general y con el fin de facilitar la comprensión de este capítulo y no aumentar su complejidad introduciendo todas las denominaciones que ha recibido esta disciplina, me referiré a ella con la denominación actual de Educación Física, aunque en las disposiciones legales que se citan pueda aparecer con otra denominación afín.

Desde principios de siglo hasta el inicio de la dictadura de Primo de Rivera, es llamativa la escasez de disposiciones legales relevantes en torno a la Educación Física. No obstante, como defiende Camps (1989), esta situación se debe a que la Educación Física era una asignatura obligatoria en la escuela y no hubo variaciones sustanciales al respecto. De hecho existe abundante documentación sobre la formación que recibían los futuros profesores en las escuelas de magisterio, donde la Educación Física (ya fuera como gimnasia de sala, ejercicios físicos, juegos,...) aparecía siempre regulada como parte de la formación de los futuros docentes. ¿Para qué sino se iban a formar en estos campos, sino para enseñarlos en su futura labor profesional?

Durante la dictadura de Primo de Rivera (1923-1930) y el posterior directorio civil del General Berenguer (1930-1931), se da un giro importante a la Educación Física a partir del Real Decreto de 25 de agosto de 1926, la Real Orden de 3 de septiembre de 1926 y el Decreto de 20 de octubre de 1930; potenciándose esta disciplina en todos los niveles educativos, pero apareciendo como asignatura especial, separada del resto. Además esta asignatura, por primera vez en la historia de España, es utilizada como instrumento de transmisión de la ideología de un régimen, confiriéndole en este caso un marcado carácter paramilitar (González Ajá, 2002).

DURANTE LA DICTADURA DE PRIMO DE RIVERA, SIGUIENDO EL ESQUEMA DE LA ITALIA DE MUSSOLINI, LA EDUCACIÓN FÍSICA FUE UN INSTRUMENTO IDEOLÓGICO.

En el periodo de la II República (1931-1936), por motivaciones eminentemente ideológicas, se derogaron todas las disposiciones educativas del periodo dictatorial, tomándose inicialmente y de forma transitoria la referencia legislativa del Real Decreto de 26 de octubre de 1901.

En un principio, siguiendo esquemas propuestos por la Institución Libre de Enseñanza, parecía que se impondría una Educación Física regeneracionista, pedagógica y que buscara una formación integral del alumnado. Pero los constantes cambios políticos, en un periodo que no sobrepasó los cinco años, limitaron sobremanera la puesta en práctica de medidas concretas a favor de la Educación Física.

Sin embargo, es digno de mención la orientación que los gobiernos de izquierda trataron de dar a esta materia, tratando de paliar el déficit que la Educación Física tuvo entre obreros, escolares y campesinos (Pujadas, 2011). De hecho en abril de 1935 se creó la Junta Nacional de Educación Física, para valorar la organización de esta disciplina en todos los grados de la enseñanza, con el fin de implementar acciones a favor de que ésta llegara a los sectores más populares. Pero apenas cinco meses después esta Junta fue derogada y poco más tarde comenzaría la Guerra Civil. Aún durante la contienda habría un último impulso baldío a favor de la Educación Física, el Plan de Estudios para la Escuela Primaria Española, que definía a esta materia bajo un prisma de marcado carácter pedagógico, higiénico y laico.

EN LA II REPÚBLICA SE TRATÓ DE DEMOCRATIZAR Y LIBERAR DE LA IDEOLOGÍA FASCISTA A LA EDUCACIÓN FÍSICA.

Durante la dictadura franquista la Educación Física quedó bajo el mando del Frente de Juventudes. La Ley de 6 de diciembre de 1940 otorgaba a esta organización falangista la Educación Física de todos los españoles, dedicándose el Frente de Juventudes al ámbito masculino y su Sección Femenina, que se independizaría en 1945, al femenino.

Además de esta ley, tres disposiciones marcan la primera época de la Educación Física franquista. En primer lugar, el Plan de Estudios de Bachillerato, contenido en la Ley de 20 de septiembre de 1938, por el que esta disciplina pasaba a ser obligatoria en este nivel educativo, dotándola de un importante matiz ideológico. En segundo lugar la Ley sobre la ordenación de la Universidad española de 29 de julio de 1943, que determinaba la obligatoriedad de la Educación Física en la enseñanza superior. Por último, la Ley de Educación Primaria de 17 de julio de 1945, que declaraba obligatoria esta asignatura en toda la etapa.

Sin embargo, en 1961 se promulga la Ley de Educación Física de 23 de diciembre, en la que de nuevo se declara obligatoria la Educación Física en todos los niveles educativos, pero sobretodo, y esto es de especial relevancia, se crea el Instituto Nacional de Educación Física, como centro formativo unificador y normalizador de todas las titulaciones de profesor de Educación Física.

Esta ley supuso un gran cambio, pues el cariz ideológico que hasta entonces había imperado en la Educación Física, oficialmente se iba abandonando a favor de aspectos puramente profesionales.

Si la ley anterior supuso un cambio notable a nivel de formación del profesorado, el gran cambio en cuanto a la Educación Física como asignatura vino por la Ley General de Educación y Financiamiento de la Reforma Educativa de 4 de agosto de 1970. En esta ley se trató a la Educación Física como una asignatura más, siendo obligatoria en todos los niveles educativos y reconociéndose su papel fundamental en la formación integral del alumnado.

DURANTE EL PERIODO AZUL LA EDUCACIÓN FÍSICA TUVO UN MARCADO CARIZ IDEOLÓGICO. A PARTIR DE LA ÉPOCA DESARROLLISTA EL CARIZ PASÓ A SER MÁS TÉCNICO QUE IDEOLÓGICO.

Unos años más tarde, en plena Transición Democrática, se derogó la obligatoriedad de la Educación Física en la Universidad, mediante el Decreto de 4 de marzo de 1977; creándose como alternativa los servicios deportivos universitarios.

En 1980 se promulgó la Ley de Cultura Física y Deportes (Ley de 31 de marzo), que trajo el ansiado reconocimiento de los INEFs como centros de educación superior, si bien todavía no se les reconocía como centros universitarios.

Durante los primeros años de la década de 1980 aparecen los llamados Programas Renovados para la E.G.B, que contemplaron la figura del maestro especialista en Educación Física, creándose oficialmente el título de Maestro Especialista en Educación Física en 1991.

Ya en la década de los 90 aparece la Ley Orgánica General de Ordenación General del Sistema Educativo, de 3 de octubre de 1990, que supone una reestructuración de todos los niveles de la enseñanza. En ella la Educación Física es reconocida como materia en todos los cursos obligatorios e incluso en primero de bachillerato (en segundo de bachillerato apareció como asignatura optativa de la rama de ciencias de la salud). Además, se crean dos títulos dentro de la formación profesional específica directamente relacionados con esta disciplina: Técnico de Conducción de Actividades Físicas en el Medio Natural y Técnico Superior en Animación de Actividades Físicas y Deportivas.

Por tanto, es posible afirmar que a finales del siglo XX la Educación Física se encontraba plenamente integrada en el sistema educativo español, pero faltaba un último paso: el reconocimiento de los INEFs como centros universitarios. Ello llegaría en 1992 mediante el Real Decreto de 27 de Noviembre, por el que se articulaba la incorporación de estos centros al ámbito universitario, a partir de su transformación en facultades de Ciencias de la Actividad Física y el Deporte.

3.2. DOCUMENTOS INTERNACIONALES SOBRE EDUCACIÓN FÍSICA Y DEPORTE

3.2.1. Carta Europea del Deporte

La Carta Europea del Deporte fue elaborada por los ministros europeos responsables del deporte, reunidos en su séptima Conferencia, celebrada en Rodas los días 14 y 15 de mayo de 1992.

La finalidad fundamental de este documento es servir como base de las políticas que el Consejo de Europa proponga en el ámbito deportivo. Su punto de partida es el hecho de que una gran parte de los europeos no ha alcanzado un nivel de condición física satisfactorio, por ello es perentorio otorgar a la Educación Física y al deporte un papel destacado que permita mejorar el nivel físico del europeo medio.

Esta Carta se compone de 13 artículos, de los cuales destaco como los más importantes los siguientes. El primero se refiere a su objetivo primordial, dar a cada persona la posibilidad de practicar deporte, salvaguardando los principios morales y éticos del deporte, así como la dignidad humana y la seguridad de los participantes.

El segundo es de gran relevancia, pues define el deporte como todo tipo de actividades físicas que, mediante una participación, organizada o de otro tipo, tengan por finalidad la expresión o la mejora de la condición física o psíquica, el desarrollo de las relaciones sociales o el logro de resultados en competiciones en todos los niveles.

Los artículos del tercero al sexto se ocupan de aspectos logísticos del deporte, incidiendo en la organización del movimiento deportivo, en la utilización de las instalaciones y en la propuesta de actividades, especialmente las dirigidas a los más jóvenes, en las que el fomento de la participación debe ser un factor importante.

Los artículos séptimo y octavo se refieren al deporte profesional y de alto nivel, donde la búsqueda de rendimiento es fundamental. Estos artículos abogan por la necesidad de apoyar a los deportistas que tengan cualidades superlativas, para que lleguen a desarrollarse al máximo nivel, pero siempre respetando su personalidad e integridad.

Por último, destaco el artículo noveno que insta a que los profesionales del deporte sean personas cualificadas, para lo que será necesario una correcta y adecuada estructura de titulaciones.

3.2.2. Carta internacional de la Educación Física y el Deporte de la Unesco

La Conferencia General de la Organización de las Naciones Unidas para la Educación, la Ciencia y la Cultura, reunida en París en su vigésima reunión, el día 21 de noviembre de 1978, redactó este documento a favor de la Educación Física y el deporte.

En él se reconoce que, tanto la Educación Física como el deporte, son medios para mejorar la calidad de vida de los pueblos del mundo. No sólo en relación al desarrollo corporal y el mantenimiento y mejora de la salud, sino que contribuyen al desarrollo completo y armonioso del ser humano en todas sus facetas. Además esta Carta reconoce los valores humanos intrínsecos a estas prácticas, los cuales tienen un gran potencial para allegar a los pueblos bajo principios de solidaridad, fraternidad, respeto y comprensión mutuos.

El texto se compone de sólo diez artículos, los tres primeros reconocen que la práctica de la Educación Física y el deporte es un derecho fundamental para todos y que ambos forman parte de los elementos básicos de la educación. Al respecto, el documento insiste en que, si bien hay que respetar las necesidades individuales y colectivas, tanto la Educación Física como el deporte, siempre deben estar al servicio de principios educativos, incluso en sus manifestaciones más competitivas y espectaculares.

Los artículos cuarto y quinto se refieren a las condiciones necesarias e indispensables para la Educación Física y el deporte, el primero de ellos defiende que la enseñanza de estas disciplinas debe confiarse a personal cualificado y el segundo describe las condiciones que deben cumplir las instalaciones y los materiales.

Los últimos artículos inciden en la importancia de la investigación como elemento básico para la evolución de estas disciplinas, en la influencia positiva que deben ejercer los medios de comunicación y en la responsabilidad de los poderes públicos con respecto al desarrollo de la Educación Física y el deporte, tanto en el ámbito nacional como en el internacional, donde la búsqueda de cooperación entre estados es determinante.

3.2.3. Manifiesto mundial de la Educación Física

Este Manifiesto es obra de la Federación Internacional de Educación Física (FIEP), fundada en 1923. La primera edición del mismo data de 1970, pero en el año 2000, con objeto de adaptarlo a los cambios sociales, culturales y políticos que habían ocurrido desde entonces, se elaboró el actual.

Este documento consta de 23 capítulos y 26 artículos, de ellos destaco los siguientes. El artículo primero defiende la concepción de la Educación Física como un derecho fundamental de todas las personas. Esta disciplina es definida en el segundo como un proceso educativo, sea por vías formales o no formales, que:

-Interactúa con el entorno (cultural, social y natural).

-Utiliza actividades como danzas, juegos, deportes o ejercicios con fines educativos.

-Objetiviza los aprendizajes de personas de todas las edades, aumentando sus condiciones personales para la adquisición de conocimientos y sus actitudes a favor de la consolidación de hábitos de práctica física.

-Promueve una educación para la salud y la ocupación saludable del tiempo de ocio.

-Reconoce y desarrollar los valores intrínsecos de las prácticas corporales.

En los siguientes artículos, el cuarto y el quinto, se insiste en el valor de la Educación Física dentro del proceso educativo de las personas y en la necesidad de promoverla a lo largo de toda la vida como educación continua.

En el artículo séptimo se insiste en el papel de la Educación Física como actividad saludable, que puede prevenir problemas y enfermedades como la obesidad, la hipertensión, incluso algunas formas de cáncer y depresión.

En cuanto a la formación del profesorado, el artículo decimocuarto defiende la necesidad de dotar de una adecuada formación a los docentes de esta disciplina.

Por último, quiero destacar los artículos noveno, decimoséptimo, decimoctavo, decimonoveno y vigesimoprimero, que insisten en el papel que tiene la Educación Física en el fomento de una cultura de la paz, dentro de la cual se respete la diversidad cultural, se atienda a las necesidades especiales que puedan tener algunas personas y se luche contra la discriminación, así como contra la exclusión social.

BIBLIOGRAFÍA

Camps, A. (1989). La Educación Física. Ese camino tortuoso que por fin ve su final. *Apunts* 16-17, 138-145.

Carta Europea del Deporte (1992). Obtenido el 13 de abril, 2011, de http://www.femp.es/files/56669archivo/CARTA%20EUROPEA%20DEL%20DEPORTE.pdf

FIEP (1970). *Manifiesto mundial sobre la Educación Física.* Obtenido el 21 de septiembre, 2011, de http://www.bizkaia.net/Kultura/kirolak/pdf/ca_manifiesto1970.pdf

FIEP (2000). *Manifiesto mundial de Educación Física 2000.* Obtenido el 1 de abril, 2013, de http://www.fiepmexico.com/manif.pdf

González Ajá, T. (2002). La política deportiva española durante la República y el Franquismo. En González Ajá, T. (Ed.) *Sport y Autoritarismos* (pp. 169-202). Madrid: Alianza Editorial.

Pastor Pradillo, J.L. (1997). *El espacio profesional de la Educación Física en España. Génesis y formación (1883-1936)*. Alcalá de Henares: Universidad de Alcalá.

Pujadas, X. (2011). Del barrio al estadio. Deporte, mujeres y clases populares en la Segunda República. En Pujadas, X. (Ed.) *Atletas y ciudadanos. Historia social del deporte en España (1870-2010)* (pp. 125-168). Madrid: Alianza Editorial.

UNESCO (1978). *Carta Internacional de la Educación Física y el deporte*. Obtenido el 14 de enero, 2013, de http://portal.unesco.org/es/ev.php-URL_ID=13150&URL_DO=DO_TOPIC&URL_SECTION=201.html

Capítulo 4
LA PROFESIÓN DEL GRADUADO/A EN CIENCIAS DE LA ACTIVIDAD FÍSICA Y EL DEPORTE. PRESENTE Y FUTURO

A lo largo de este capítulo esbozaré el panorama profesional para los titulados en esta disciplina, naturalmente con todas las reservas y cautelas que los momentos actuales nos lleva a tener, dado el cambiante escenario laboral y las constantes reformas legislativas tanto en nuestro país como en los estados del entorno europeo.

No pretendo, pues, más que exponer al estudiante de esta disciplina, un esbozo de las distintas salidas profesionales a las que puede optar una vez obtenido el título de Graduado en Ciencias de la Actividad Física y el Deporte.

Del desarrollo de la regulación profesional en materia deportiva dependerá en el futuro la profesión. La reserva de puestos de trabajo a estos titulados, para cumplir con una norma reguladora, puede suponer la aparición de muchos espacios de trabajos, ocupados hoy día por personas sin la preparación suficiente.

Es patente y manifiesto el gran interés que suscita la actividad física y el deporte en las sociedad actual, representando una práctica creciente según todos los estudios realizados sobre hábitos deportivos, entre el que destacamos el del Centro de Investigaciones Sociológicas (García Ferrando, M. y Llopis, R., 2010), donde el 62,5 % de la población estudiada dice practicar mucho o bastante deporte.

Esta gran cantidad de practicantes hace necesario que dicha práctica esté dirigida por profesionales titulados y bien formados, pues se trata de una actividad en la que entra en juego la salud de los ciudadanos. Por ello, esperamos que los que tienen responsabilidad de gobierno dispongan la reglamentación necesaria para que se responda a dicha necesidad.

En los momentos que se redacta este libro son varios los intentos positivos que se llevan a cabo para regular la profesión. Por un lado la regulación a través del Estado, tras el impulso del Colegio Profesional, habiéndose trabajado ya en varios borradores, sin que ello suponga una fácil conclusión. Por otro, en el ámbito andaluz, el proyecto de la nueva Ley del Deporte contempla el ejercicio profesional en este ámbito, aunque habrá que esperar a su promulgación y posterior desarrollo para ver la verdadera dimensión.

En el caso de Cataluña la Ley 3/2008, de 23 de abril, del ejercicio de las profesiones del deporte puso fin dentro de su ámbito de actuación a la problemática referida.

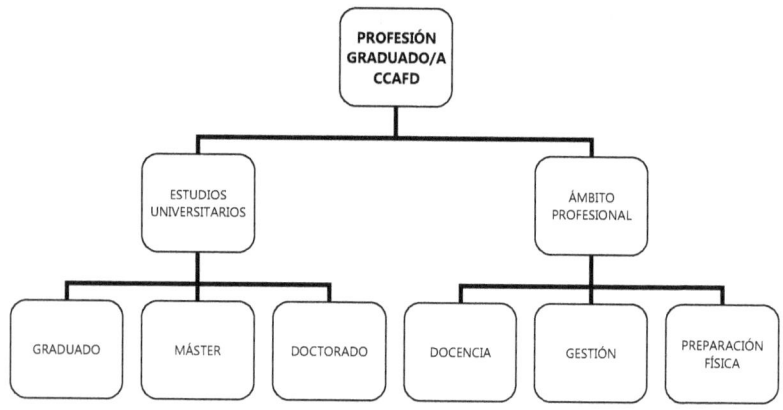

Figura 5: Contenidos del Capítulo 4.

4.1. LOS ESTUDIOS UNIVERSITARIOS EN CIENCIAS DE LA ACTIVIADAD FÍSICA Y EL DEPORTE

Los estudios conducentes a la profesión de educador físico (profesor) no se han desarrollado en el ámbito universitario desde siempre, es más su incorporación a éste espacio académico es relativamente reciente, como ha quedado expuesto en capítulos anteriores.

Obviando etapas anteriores sobre formación de este tipo de profesorado, nos centramos en la Ley 77/61 de 23 de diciembre sobre Educación Física, por la cual se crea el Instituto Nacional de Educación Física (INEF).

Posteriormente se comienzan a crear numerosos INEFs en distintas comunidades autónomas, que se adscriben a las universidades cercanas al lugar de ubicación y posteriormente, como veremos en el siguiente epígrafe, a partir de 1992, se convierten en facultades universitarias.

A partir de dicho momento, la casuística de los tipos de centros, es compleja para tratarla en este capítulo, por lo que, si es de interés del estudiante, puede ampliarla con artículos o trabajos desarrollados sobre dicha cuestión.

4.1.1. Facultades

Paulatinamente los centros anteriores se fueron reconvirtiendo en centros plenamente integrados en la universidad. En 1992, el hasta entonces INEF de Granada, se convierte en la primera facultad universitaria en impartir los estudios conducentes al título de Licenciado en Ciencias de la Actividad Física y el Deporte, siguiéndole otros INEFs como el de Las Palmas y Cáceres.

En la actualidad, la práctica totalidad de los centros donde se imparten estos estudios tienen el rango de facultad universitaria, habiéndose terminado casi al completo el proceso de integración en la universidad. Casos como el Instituto Nacional de Cataluña (INEFC) rompen la homogeneidad al ser considerado como un Organismo Autónomo de la Generalitat de Cataluña, adscrito al Departamento de la Presidencia, si bien la adscripción de los centros de Barcelona y de Lleida a las universidades de dichas capitales, respectivamente, posibilitan que sus estudios sean considerados universitarios, y el correspondiente título, de pleno derecho.

En estos momentos los estudios conducentes al título de Grado en Ciencias de la Actividad Física y el Deporte se imparte en centros de universidades públicas y privadas, siendo la denominación de los mismos variopinta y extendiéndose a lo largo del territorio español, de tal forma que pueden realizarse en casi todas las Comunidades autónomas (12) y en un gran número de provincias españolas.

Las facultades, salvo en el caso del INEFC, tienen denominaciones muy variadas, fruto de la adscripción que se propone en el Real Decreto 1393/2007 por el que se establece la ordenación de las enseñanzas universitarias oficiales y que comentamos en el siguiente apartado. Una gran mayoría tienen la propia denominación del título, es decir, "Ciencias de la Actividad Física y el Deporte", otras simplemente aparecen como "Facultad del Deporte". Una parte importante están bajo la denominación de "Facultades de Educación", con alguna variante en torno a ello. También aparecen facultades cuyo nombre gira en torno a la Medicina o a la Salud.

LOS INEFs SE TRANSFORMAN EN FACULTADES A PARTIR DE 1992 Y EVOLUCIONAN DE FORMA INDEPENDIENTE.

4.1.2. Planes de estudio

Con la creación de una comisión de trabajo para emitir el informe conocido como *Libro Blanco: Título de Grado en Ciencias de la Actividad Física y del Deporte*, se inicia la andadura formal hacia la puesta en práctica de dicha titulación, bajo el auspicio del Espacio Europeo de Educación Superior. (EEES)

Su desarrollo se hizo en grupos de trabajos y plenario dando al final un informe, aprobado por la ANECA en 2005, después de una secuencia de 3 fases:

– Análisis de la situación actual de las Ciencias de la Actividad Física.

– Estudio de las competencias y perfiles profesionales del titulado.

– Diseño del título de grado en Ciencias de la Actividad Física y del Deporte.

Mediante el Real Decreto 1393/2007, de 29 de octubre, se establece la ordenación de las enseñanzas universitarias oficiales y en su artículo 3, párrafo 3, encontramos la referencia sobre cómo las universidades deberán proceder para implantar dicha titulación entre su oferta.

3. Las enseñanzas universitarias oficiales se concretarán en planes de estudios que serán elaborados por las universidades, con sujeción a las normas y condiciones que les sean de aplicación en cada caso. Dichos planes de estudios habrán de ser verificados por el Consejo de Universidades y autorizados en su implantación por la correspondiente Comunidad Autónoma, de acuerdo con lo establecido en el artículo 35.2 de la Ley Orgánica 6/2001, modificada por la Ley 4/2007, de Universidades.

Los títulos a cuya obtención conduzcan, deberán ser inscritos en el RUCT y acreditados, todo ello de acuerdo con las previsiones contenidas en este real decreto.

A partir de la publicación del antes citado Real Decreto, las universidades comienzan a elaborar sus proyectos de titulación de Grado en Ciencias de la Actividad Física y el Deporte, primero para aprobación en sus órganos internos y luego para la verificación ante el Consejo de Universidades quien los remite a la ANECA para su evaluación.

Siguiendo las directrices del artículo 12 del citado Real Decreto, los planes de estudios deben tener al menos 240 créditos[4] y contener toda la formación teórica y práctica que el estudiante deba adquirir, materias que son obligatorias, seminarios, prácticas internas y externas, trabajos dirigidos, cualquier otra actividad formativa, así como el trabajo fin de Grado. El plan de estudios diseñado deberá contener un mínimo de 60 créditos de formación básica.

Las universidades en sus propuestas adscribirán el título de Graduado o Graduada a alguna de las siguientes ramas de conocimiento: Artes y Humanidades, Ciencias de la Salud, Ciencias Sociales

---

[4] En el supuesto de que por normativa de la Unión Europea se deba ampliar el número de créditos, el Gobierno, informando al Consejo de Universidades, ampliará dicho número.

y Jurídicas, Ciencias e Ingeniería y Arquitectura, siendo los casos más frecuentes en esta titulación la adscripción a la segunda y tercera de ellas.

Mediante Resolución de 13 de noviembre de 2009, de la Secretaría General de Universidades, se publica el Acuerdo de Consejo de Ministros de 30 de octubre de 2009, por el que se establece el carácter oficial de determinados títulos de Grado y se procede a la inscripción en el Registro de Universidades, Centros y Títulos, entre los que aparece el título de Grado en Ciencias de la Actividad Física y el Deporte en varias universidades españolas.

EL LIBRO BLANCO ES EL DENOMINADOR COMÚN DE TODOS LOS TÍTULOS DE GRADO EN CIENCIAS DE LA ACTIVIDAD FÍSICA Y EL DEPORTE QUE SE IMPARTEN EN ESPAÑA.

4.1.3. Máster y Doctorado

De acuerdo a los criterios del EEES, una vez en posesión del título de Graduado o Graduada en Ciencias de la Actividad Física y el Deporte, y por tanto de la formación básica, se accede a la posibilidad de realizar estudios de Máster que nos podrán posibilitar bien una formación especializada para ejercer la profesión para la que habilite o bien una formación orientada hacia la investigación.

Los Máster oficiales deberán tener entre 60 y 120 créditos, siendo muy relevante aclarar que la realización de uno de ellos no conduce al título de Doctor o Doctora, para la obtención de este título, el titulado como graduado o graduada en Ciencias de la Actividad Física y el Deporte deberá superar un programa de doctorado (si bien para acceder a uno de ellos se debe estar en posesión de un título de Máster).

Entendemos por programa de doctorado la suma de actividades académicas que llevan a la adquisición de las competencias y habilidades necesarias que figuran en la memoria del mismo y que deben concluir con la presentación de la tesis. El programa deberá tener por objeto desarrollar los aspectos formativos del doctorando y establecerá los procedimientos y las distintas líneas de investigación para que puedan desarrollarse las correspondientes tesis doctorales

Según el Real Decreto 99/2011, de 28 de enero, por el que se regulan las enseñanzas oficiales de doctorado, con carácter general, para poder formalizar la matrícula en un programa de doctorado se ha de estar en posesión del título oficial de Grado y de Máster correspondiente. Existen otros supuestos para el acceso, como es el caso de haber obtenido un título de Grado con al menos 300 créditos ECTS.

No obstante a lo anterior, cabe decir que la universidad responsable de cada programa de doctorado puede exigir formación previa específica para poder ser admitido al mismo.

El que ya realizó su matrícula y está desarrollando las actividades del programa se denomina "doctorando" y tiene 3 años para la presentación del trabajo denominado "tesis doctoral", aunque existen algunas excepciones temporales en el Real Decreto anteriormente citado.

En los momentos actuales numerosas universidades que imparten estudios de ciencias de la actividad física ofertan programas de doctorado relacionados con el alto rendimiento, la salud, etc.

LOS MÁSTER OFICIALES ESPECIALIZAN AL GRADUADO/A EN CIENCIAS DE LA ACTIVIDAD FÍSICA Y EL DEPORTE. LOS PROGRAMAS DE DOCTORADO DAN ACCESO AL TÍTULO DE DOCTOR/A.

4.1.4. Investigación

Aunque durante la realización de un programa de doctorado, el doctorando debe realizar una investigación, esta se hará siempre bajo la supervisión y dirección de la persona que ejerza esas funciones de manera oficial en el correspondiente programa.

La plena capacidad investigadora se obtiene cuando se consigue el título de Doctor. Aunque no es imprescindible, la pertenencia a un grupo de investigación reconocido administrativamente facilitará el comienzo en los trabajos en los que quiera participar.

4.2. ÁMBITO PROFESIONAL DEL GRADUADO/A EN CIENCIAS DE LA ACTIVIDAD FÍSICA Y EL DEPORTE

Como ya se apuntó en la introducción al tema, la situación profesional del titulado en Ciencias de la Actividad Física y el Deporte se hace compleja a medida que pasan los años. La aparición de un gran número de centros que imparten estos estudios y el gran número de titulados que cada curso salen al mercado laboral supone que los puestos de trabajo vayan escaseando poco a poco.

No obstante, el aumento de práctica deportiva de la población en todas sus edades junto con la más que posible regulación de la profesión, hace que podamos augurar algunos años en los que la demanda pueda absorber una parte importante de los recién titulados.

TRES SON LOS ACTUALES ÁMBITOS PROFESIONALES: DOCENCIA, GESTIÓN Y PREPARACIÓN FÍSICA. EL INTRUSISMO PROFESIONAL EXISTENTE PUEDE REDUCIRSE SIGNIFICATIVAMENTE A PARTIR DE LA REGULACIÓN DE LA PROFESIÓN.

4.2.1. En la docencia

La docencia ha sido tradicionalmente una salida importante para los titulados en esta materia, bien con la titulación de Licenciado, bien con la titulación de Maestro.

El graduado o graduada en Ciencias de la Actividad Física y el Deporte ve ampliadas sus posibilidades de acceder a puestos docentes de la enseñanza reglada en cuanto a niveles en los que puede impartir, no así en cuanto al número de plazas ofertadas, tanto públicas como privadas, que han sufrido en los último años un enorme parón con el consiguiente atasco de titulados.

El Real Decreto 1594/2011, de 4 de noviembre por el que se establecen las especialidades docentes del Cuerpo de Maestros que desempeñen sus funciones en las etapas de Educación Infantil y de Educación Primaria recoge como titulados que pueden impartir Educación Física en la etapa de Educación Primaria a los graduados o graduadas en el ámbito de la Actividad Física y del Deporte, junto a otras titulaciones.

Para impartir en la etapa de Educación Secundaria Obligatoria, los graduados o graduadas en Ciencias de la Actividad Física y el Deporte deberán poseer además el Máster que le habilita para dicha función.

4.2.2. En la Gestión Deportiva

Aunque en esta área profesional se ha de competir con otros titulados universitarios cuyos títulos están en la órbita de la administración y gestión de empresas o economía, el graduado o graduada en Ciencias de la Actividad Física y el Deporte, con la correspondiente formación de máster puede ejercer la función directiva de centros deportivos, clubes, etc.

En la actualidad, la oferta para este tipo de formación especializadora es muy amplia. Cuando el graduado o graduada vaya a realizar el compromiso de matriculación deberá tener en cuenta la oficialidad o no de los estudios, así como las posibilidades habilitantes del título que se le otorga.

Universidades públicas, privadas, fundaciones, clubes, etc. abren anualmente programas en busca de alumnos que quieran formarse en este campo profesional.

Si cuando se van a comenzar los estudios, el futuro estudiante tiene claro hacia dónde quiere dirigir el futuro profesional, es conveniente revisar con detalle el plan de estudios de la universidad elegida ya que hay notables diferencias entre los planes de unas y otras universidades en el enfoque del mismo. Lo mismo habremos de tener en cuenta a la hora de elegir las asignaturas optativas que se ofrezcan.

4.2.3. En la Preparación Física/*Fitnnes*

Otro de los campos profesionales que se abren a los poseedores del título de Grado en Ciencias de la Actividad Física y el Deporte es el ejercicio profesional como preparador físico, bien en centros *fitnnes*, bien en clubes deportivos, así como profesional libre. En este último caso está potenciándose socialmente, cada vez más, la figura del llamado preparador personal.

Tratándose el Grado de un título base, es conveniente la formación especializada a través de un máster pues permitirá, además de adquirir unos conocimientos más amplios, competir en mejores condiciones en el mercado de trabajo.

Cabe traer una reflexión del profesor Jiménez Soto (2001) sobre la incorporación a este sector, que si bien la escribió hace más de una década sigue siendo válida plenamente mientras no se regule la profesión.

…con ejemplo de la actividad física y deportiva, tenemos el caso de los preparadores físicos de los equipos de alta competición. El hecho de que abunden los licenciados en Educación Física en esta parcela no se debe tanto al hecho de que posean el título sino porque han demostrado que, además de ser titulados, son los más competentes profesionalmente (p. 87).

También, en este caso, la oferta para la formación especializada en esta rama es bastante abundante. Volvemos a hacer hincapié en la cautela a la hora de la elección, pues son muchos los anuncios que se encuentran en los medios de comunicación ofertando el "título de preparador físico", "título" que no deja de ser un simple diploma privado y que, en el caso de una más que probable regulación profesional, carecería de reconocimiento.

BIBLIOGRAFÍA

García Ferrando, M., Llopis, R. (2010). *Ideal democrático y bienestar social. Encuesta sobre los hábitos deportivos en España 2010*. Centro de Investigaciones Sociológicas. Obtenido el 1 de mayo, 2012, de http://www.csd.gob.es/csd/estaticos/dep-soc/encuesta-habitos-deportivos2010.pdf

Jiménez Soto, I. (2001). *El ejercicio profesional de las titulaciones del deporte*. Barcelona: Bosch.

LEY 13/1980, de 31 de marzo, General de la Cultura Física y del Deporte. *Boletín Oficial del Estado* núm. 89, de 12 de abril de 1980. 7908-7913.

LEY 14/1970, de 4 de agosto, General de Educación y Financiamiento de la Reforma Educativa. *Boletín Oficial del Estado* núm. 187, de 6 de agosto de 1970. 12525-122546.

LEY 3/2008 de 23 de abril, del ejercicio de las profesiones del deporte. Comunidad autónoma de Cataluña. *Boletín Oficial del Estado* núm. 131, de 30 de mayo de 2008, 25140 a 25149.

LEY 77/61, de 23 de diciembre, sobre educación física. *Boletín Oficial del Estado* núm. 309, de 27 de diciembre. 18125-18129.

LEY DE LA CULTURA REAL DECRETO 790/1981, de 24 de abril, sobre Institutos Nacionales de Educación Física y las enseñanzas que imparten. *Boletín Oficial del Estado* núm. 108, de 6 de mayo de 1981. 9577-9578.

LIBRO BLANCO. (2005) *Título de Grado en Ciencias de la Actividad Física y del Deporte*. Agencia Nacional de la Evaluación de la Calidad y Acreditación. Obtenido el 23 de diciembre, 2012, de http://www.aneca.es/var/media/150296/libroblanco_deporte_def.pdf

REAL DECRETO 1393/2007, de 29 de octubre, por el que se establece la ordenación de las enseñanzas universitarias oficiales. *Boletín Oficial del Estado* núm. 260, de 30 de octubre de 2007. 44037-44048.

REAL DECRETO 1594/2011, de 4 de noviembre, por el que se establecen las especialidades docentes del Cuerpo de Maestros que desempeñen sus funciones en las etapas de Educación Infantil y de Educación Primaria reguladas en la Ley Orgánica 2/2006, de 3 de mayo, de Educación. *Boletín Oficial del Estado* núm. 270, de 9 de noviembre de 2011. 116652-116657.

REAL DECRETO 790/1981, de 24 de abril, sobre Institutos Nacionales de Educación Física y las enseñanzas que imparten. *Boletín Oficial del Estado* núm. 108, de 6 de mayo de 1981. 9577-9578.

REAL DECRETO 99/2011, de 28 de enero, por el que se regulan las enseñanzas oficiales de doctorado. *Boletín Oficial del Estado* núm. 35, de 10 de febrero de 2011. 13909-13922.

Resolución de 13 de noviembre de 2009, de la Secretaría General de Universidades, por la que se publica el Acuerdo de Consejo de Ministros de 30 de octubre de 2009, por el que se establece el carácter oficial de determinados títulos de Grado y su inscripción en el Registro de Universidades, Centros y Títulos. Boletín Oficial del Estado núm. 4, de 5 de enero de 2010. 724-736.

HISTORIA CONTEMPORÁNEA DE LA EDUCACIÓN FÍSICA Y EL DEPORTE

CAPÍTULO 5. LA ILUSTRACIÓN

El siglo XVIII, conocido como el siglo de la Ilustración, es el periodo donde surgen los primeros cimientos de la Educación Física actual. Con ello no quiero decir que la Educación Física naciera durante esta centuria, sino que es durante este periodo cuando algunos filósofos, intelectuales y educadores, todos con gran trascendencia en la sociedad de la época, van a defender la necesidad de una formación física en la infancia y se van a llevar a la práctica las primeras iniciativas al respecto.

Sin embargo, sería incorrecto plantear que las propuestas de estos autores incluían una organización metódica en torno a la Educación Física, más bien, como afirma Mandell (2006), en esta época se establece el nexo entre la vieja tradición occidental de "discutir" acerca de la Educación Física y la realización de esquemas destinados a ponerla en práctica.

Estos primeros ideólogos de la Educación Física los podemos dividir en dos grupos. En primer lugar aquellos que plantearon el marco teórico en el que se fundamentaron las primeras experiencias prácticas, como Rousseau o Locke. En segundo lugar los que de forma efectiva, partiendo de las teorías de los primeros, llevaron a cabo esas experiencias, como Basedow o Salzmann.

La síntesis de los contenidos de este capítulo aparece en el siguiente esquema:

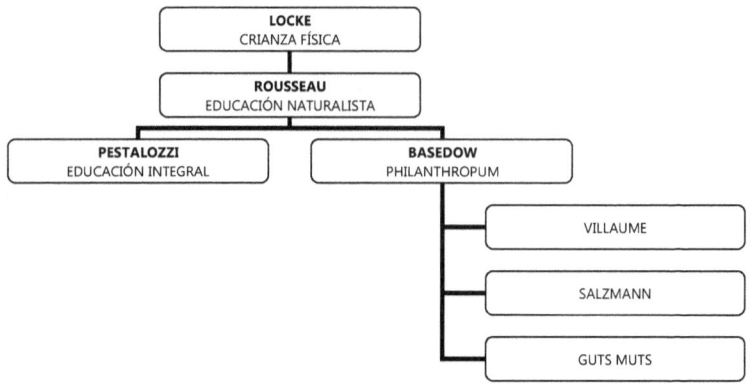

Figura 6: Contenidos del Capítulo 5.

5.1. LA INFANCIA DURANTE EL SIGLO XVIII

Durante esta centuria la preocupación de la sociedad, en especial de las clases acomodadas, por la infancia va a ser evidente. Si bien, como afirma Martín (2003), esta preocupación tiene su origen no tanto en un vuelco de la afectividad hacia los niños y niñas, sino en una preocupación hacia la salud y preservación de sus vidas; pues de esa forma aseguraban la continuidad del linaje en un periodo en el que la mortalidad infantil era altísima.

De tal forma que la salud infantil comienza a ser un tema de especial interés, surge la pediatría como especialidad médica y se multiplican los escritos sobre la higiene, los hábitos saludables, la correcta alimentación o los cuidados infantiles.

Sin embargo, a pesar de la creciente importancia que el cuerpo y la salud de los infantes comienzan a tener, la educación seguía siendo eminentemente intelectualista y todo lo relacionado con la Educación Física no tenía cabida en ella.

PREOCUPACIÓN POR LA SALUD INFANTIL PERO, PARADÓJICAMENTE, EDUCACIÓN SÓLO INTELECTUAL.

5.2. LOCKE: *SOME THOUGHTS CONCERNING EDUCATION*

El filósofo empirista John Locke (1632-1704) fue el primero en abogar por una educación corporal que él denomino crianza física. En su obra *Some thoughts concerning educación* (1693), recoge las cartas que envió a su amigo Edward Clarke, quien le pedía consejo sobre cómo educar a su hijo.

Locke planteaba que los objetivos de la crianza física eran tres: crear hábitos destinados a lograr una buena salud, servir de base para formar el carácter y la moral, y dar descanso y equilibrio entre el cuerpo y el espíritu (Martín, 2003). La consecución de estos objetivos se encaminaba hacia la formación del gentlemen inglés, fin último al que aspiraba su ideal educativo.

Al respecto, es preciso aclarar que no todos los objetivos tenían la misma importancia, como indica Cecchini (1997):

El objetivo natural era la salud e higiene corporal. Ahora bien, conseguir un cuerpo sano exige al ser humano disciplina, ascesis, endurecimiento, incluso carácter y valor. Los objetivos morales aparecen como consecuencia de intentar su objetivo natural, de índole biológico. Estas virtudes morales pasarán a convertirse en objetivos prioritarios por su valor intrínseco (p. 32).

El fundamento metodológico básico de la crianza física, que determinaba el camino a seguir para la consecución de los objetivos, era el endurecimiento, es decir, preparar a los niños para los rigores y fatigas corporales que deberían soportar a lo largo de la vida. Locke utiliza el ejemplo de la cara que al nacer no es menos delicada que cualquier otra parte del cuerpo, pero que la fuerza de la costumbre la endurece y capacita para sufrir el frío (Cecchini, 1997).

En base a ello da recomendaciones muy precisas que afectan a todas las facetas de la vida diaria de los infantes. En primer lugar, en cuanto a la manera de vestir, ésta debía ser ligera y suelta para que no impidiera los movimientos. Además, era fundamental que fuera poco abrigada, tanto en invierno como en verano, y con zapatos que se pudieran calar de agua con facilidad.

En relación al sueño, defiende que debían dormir en superficies rígidas e incómodas, para fortalecer los miembros, y seguir un horario natural acostándose y levantándose con el sol.

La alimentación, ponderada y sobria, se debía fundamentar en la leche y las frutas, reduciéndose mucho el consumo de carne, sal y especias.

La higiene corporal era un aspecto fundamental, proponiendo que los niños se lavaran frecuentemente, reduciéndose gradualmente la temperatura del agua hasta bañarlos con agua fría tanto en invierno como en verano.

A nivel físico, esta crianza se componía de unos ejercicios simples y moderados, como correr, saltar o lanzar, que buscaban no coartar la sed de movimientos de los niños. Estos ejercicios debían realizarse al aire libre, para aclimatarse tanto al frío como al calor. Asimismo, aboga por que los niños jugaran a los juegos que ellos mismo inventaran, de tal forma que toda actividad física fuera un divertimento para ellos.

Por último, pero no por ello menos importante, Locke destaca una serie de actividades que era necesario practicar de forma específica dentro de la crianza física: la natación (todos debían aprender a nadar), el esgrima, la equitación, el baile y el aprendizaje de oficios manuales, como por ejemplo la jardinería.

CRIANZA FÍSICA A PARTIR DEL ENDURECIMIENTO: FORMACIÓN MORAL, BUENA SALUD, DESCANSO Y EQUILIBRIO.

5.3. ROUSSEAU: *EL EMILIO*

Cuando Rousseau (1712-1778) publicó en 1762 su libro didáctico *El Emilio*, provocó una auténtica revolución en la concepción educativa de la época. El libro, leído por pedagogos, maestros, políticos y filósofos, abogaba por una educación natural diametralmente opuesta a la que se estilaba en la época.

Además de los autores clásicos, Rousseau tomó como fuente de inspiración el libro de Locke. De hecho sigue muchos de los consejos que éste plantea (en cuanto a la ropa, el sueño, la higiene, la alimentación,...), afirmando que no pueden haber reglas más sensatas que las que expone el autor inglés (Cecchini, 1997). De todas estas reglas, destaco las referidas al endurecimiento, como forma de preparar el niño para la vida, pues Rousseau (2008) también será un defensor de este planteamiento:

> La experiencia demuestra que mueren muchos más niños criados delicadamente que de los otros. Dado que no se atiende a la medida de sus fuerzas, se arriesga menos al emplearlas que al regularlas. Ejercitarlas, pues, para aquellos trabajos que tendrán que soportar un día. Endureced sus cuerpos en las intemperies de las estaciones, de los climas, de los elementos, en el hambre, la sed, la fatiga (p. 48).

No obstante, amén de otras diferencias de menor importancia, añade una finalidad a su educación corporal que no reconocía Locke. Para Rousseau (2008), además de los fines relativos a la formación moral y a la salud corporal, la práctica regular de ejercicio físico tenía una influencia directa en las capacidades intelectuales:

> Para aprender a pensar, es preciso, pues, ejercitar nuestros miembros, nuestros sentidos, nuestros órganos, que son los instrumentos de nuestra inteligencia; y para obtener todo el partido posible de estos instrumentos, es necesario que el cuerpo, que los facilita, sea robusto y sano. De este modo, lejos de que la verdadera razón del hombre se for-

me independientemente del cuerpo, es la buena constitución de éste la que hace fáciles y seguras las operaciones del espíritu (p. 140).

Como afirma Cornejo (1999), concibió la educación como una formación que de forma inseparable incluía a la Educación Física, porque a través de ésta el alumno asimilaba aprendizajes no sólo físicos, sino cognoscitivos, morales e incluso espirituales.

El modelo educativo que propugnaba, además de en los aspectos anteriormente señalados, se basaba en la libertad, en la naturaleza y en la independencia con respecto a otras personas. Así, Emilio jugaba, saltaba, gritaba en plena naturaleza, respiraba aire puro y descubría por el mismo el mundo que le rodeaba. Si bien, contrariamente de lo afirmado por algunos de sus críticos, Rousseau no daba una libertad sin límites al alumno, sino que defendía la figura del maestro de gimnasia, como guía de su educación naturalista. Su labor consistía en un sutil acompañamiento al alumno para motivarle y orientarle, no para imponerle ejercicios que debiera realizar.

En relación a los estudios puramente teóricos, Rousseau planteaba que no debían aparecer antes de los doce años, hasta entonces el niño sólo tenía que jugar en la naturaleza adquiriendo experiencias variadas. En este primer periodo la educación sensorial sería la predominante, llevando a cabo distintas experiencias (juegos, actividades,...) que implicaran a los órganos sensoriales para que éstos se desarrollaran, pues consideraba que eran la base para el posterior desarrollo de las capacidades intelectuales.

Después, una vez cumplidos los doce años, el estudio era necesario y pasaba a ser una parte importante, pero siempre tratando de motivar el deseo de aprender en el niño y no imponiendo los conocimientos que tuviera que asimilar. Esta faceta era complementada con el aprendizaje de algún oficio manual (jardinería, carpintería,...), nunca con actividades de índole militar.

Por último, resaltar que Rousseau planteó la educación como un bien social, por lo que era obligación del Estado asegurar el correcto desarrollo de la misma, dotando de las instalaciones y los profesionales adecuados para ello (Cornejo, 1999).

EDUCACIÓN NATURALISTA DONDE LOS EJERCICIOS CORPORALES SON FUNDAMENTALES. OBJETIVOS: FORMACIÓN MORAL, SALUD Y MEJORA DE LAS CAPACIDADES INTELECTUALES.

5.4. PESTALOZZI: LOS INSTITUTOS PESTALOZIANOS

El pedagogo suizo Johann Henrich Pestalozzi (1746-1827), notablemente influido por Rousseau, también contribuyó con sus ideas innovadoras a sentar las bases de la futura Educación Física. Su propuesta educativa defendía, por un lado, una educación integral que, como él decía, educara el corazón, el espíritu y la mano. Con el corazón se refería a los sentimientos y la moral, con el espíritu a la inteligencia y con la mano al propio cuerpo, que debía estar preparado para realizar cualquier actividad laboral. Por otro lado, defendía que la educación no sólo llegara a los más privilegiados, sino que también pudieran acceder a ella las clases populares.

En relación a la educación corporal que proponía, según Rodríguez (2000), diferenciaba entre una educación natural, que consideraba insuficiente, y otra planificada, guiada por el educador, a la que llamó gimnasia elemental. Esta gimnasia se componía de ejercicios libres en progresión de intensidad y complejidad, siempre evitando el uso de aparatos o materiales complejos. Dentro de ésta diferenció entre gimnasia industrial, orientada a todo el alumnado y que tenía como finalidad el fortalecimiento corporal para soportar cualquier tipo de trabajo, y gimnasia militar relacionada con los batallones escolares propios de la época, donde los ejercicios se centraban en actividades típicamente castrenses como la esgrima o la equitación.

La organización horaria de su propuesta educativa, incluía a las sesiones de gimnasia intercaladas entre los periodos de clase y estudio, para que además de contribuir a la formación del alumnado sirvieran de descanso de las actividades puramente intelectuales.

Fundó en 1805 el Instituto Educativo de Yberdon, donde junto con sus colaboradores fue perfeccionando el llamado sistema pestalozziando, que, como educación de carácter integral, incluía la faceta intelectual, la física y la moral. El prestigio que paulatinamente fue logrando permitió que sus ideas se difundieran por muchos países de Europa, en muchos de los cuales se abrieron centros educativos bajo el nombre de institutos pestalozzianos. En la ciudad de Madrid funcionó uno de ellos a principios del siglo XIX, donde trabajó Francisco de Borja Amorós y Ondeano, valenciano y padre de la gimnástica francesa.

EDUCACIÓN INTEGRAL: CORAZÓN, ESPÍRITU Y MANO.
GIMNASIA INTERCALADA ENTRE LAS CLASES TEÓRICAS Y EL ESTUDIO.

5.5. BASEDOW: EL *PHILANTHROPUM* DE DESSAU.

Durante el siglo XVIII era común entre los intelectuales creer que la sociedad podía ser reformada a partir de una planificación humana e inteligente (Mandell, 2006). Uno de ellos fue Johann Bernhard Basedow (1723-1790), titulado en Teología y Filosofía que fue maestro de varias escuelas aristocráticas.

Cuando leyó *El Emilio* quedó cautivado y escribió, a partir de él, su obra de referencia, *Elementarwerk* (1774), donde planteó propuestas concretas para renovar la educación. En estas propuestas, como afirma Salvador (2004), inicialmente siguió los planteamientos de Rousseau pero tratando de sistematizarlos y, finalmente, evolucionó hacia posiciones propias. El éxito que tuvo esta publicación le permitió abrir una escuela en la ciudad de Dessau, a la que denominó *Philanthropum*. El centro estaba abierto a niños de todas las clases sociales, los métodos innovadores que se utilizaban la convirtieron en lugar de peregrinación para maestros y pedagogos ávidos de un giro radical en el ámbito educativo.

En cuanto al modelo de educación corporal defendido por Basedow, inspirado como estaba por Rousseau que a su vez lo estaba, entre otros, por Locke, el endurecimiento tenía un lugar privilegiado. Así abogaba por los baños diarios en agua fría, los paseos al aire libre en todas las estaciones, la cama dura e incómoda, la utilización de ropa suelta y ligera que no abrigara mucho, la alimentación basada en la leche, el pan, las legumbres y la fruta,...

Hasta aquí nada novedoso, sin embargo sí hay que destacar el hecho de que organizara el horario diario dedicando el mismo número de horas a las actividades puramente intelectuales y a las de carácter físico: siete horas de sueño, cinco de trabajo intelectual, cinco de ejercicios corporales y siete para comidas, aseo, descanso y repasos.

Los ejercicios corporales, según Salvador (2004), incluían trabajos manuales, gimnasia (que comprendían ejercicios de carrera, de movilidad articular, saltos, trepas, lanzamientos,...), juegos variados (tradicionales, competitivos,...) y prácticas de endurecimiento (como resistencia al sueño, permanecer solos en absoluta oscuridad o en lugares desconocidos,...).

Sin embargo, a pesar de lo que inicialmente pueda parecer a tenor de sus propuestas progresistas, según afirma Mandell (2006), Basedow era incapaz de amoldarse a un trabajo que requería temple y regularidad, irritaba a sus colegas y era impaciente con el alumnado, por lo que dimitió como director de su escuela en 1776.

Moriría en 1790 y el *Philanthropum* sólo le sobreviviría tres años. No obstante hay que destacar que, una vez abandonadas las tareas docentes, se dedicó a transmitir su filosofía educativa a otros profesionales, autodenominados filantrópicos, que difundieron su obra por Alemania y Suiza.

Entre ellos destacan Villaume y Salzmann. El primero propugnó la inclusión de los deportes dentro de la Educación Física y que ésta formara parte del currículum, junto con otras materias, de todas las escuelas nobiliarias, para así elevar el espíritu del alumnado (Salvador, 2004). Por su parte, Salzmann, abrió su propio *Philanthropum* en Schnepfenthal, el cual aún existe, y en el que contrató a otro gran seguidor de Basedow que tendría un papel esencial en la definición de la Educación Física tal y como hoy la entendemos, me refiero a Johann Chistoph Friedrich Guts Muths, considerado padre de la Gimnasia Pedagógica (Langlade y De Langlade, 1986).

Por tanto, es fácil deducir que será en el contexto alemán donde surjan las primeras propuestas sistematizadas en torno a la Educación Física, pues la semilla que sembró Basedow rápidamente floreció. Además otros autores ilustrados, aunque no fueran del campo de la pedagogía, también contribuyeron a este florecimiento de la Educación Física. Entre ellos destaca Gerhard Vieth y su *Enciclopedia de Ejercicios Corporales*, recopilatorio sistemático de juegos y ejercicios corporales alemanes que, obviamente, sirvió de base documental para los iniciadores de la gimnástica alemana.

BASEDOW Y EL PHILANTHROPUM DE DESSAU: EJERCICIOS CORPORALES, BASADOS EN EL ENDURECIMIENTO, DENTRO DEL HORARIO LECTIVO.

BIBLIOGRAFÍA

Langlade, A. y De Langlade, N. (1986). *Teoría general de la gimnasia*. Buenos Aires: Stadium.
Rodríguez, J. (2000). *Historia del deporte*. Barcelona: INDE.
Mandell, R. (2006). *Historia Cultural del Deporte*. Barcelona: Ediciones Bellaterra.
Cornejo, C. (1999). *La Educación Física en Rousseau*. Madrid: Gymnos.
Salvador, J.L. (2004). *El deporte en occidente. Historia, cultura y política*. Madrid: Ediciones Cátedra.
Cecchini, J.A. (1997). Estudio comparado de la Educación Física en Platón, Locke y Rousseau. En *Investigación epistemológica: el campo disciplinar en Educación Física*. Madrid: Consejo Superior de Deportes, pp. 9-36.
Rousseau, J.J. (2008). *Emilio o De la educación*. Madrid: Alianza Editorial.
Martín, J.C. (2003). La educación física en el periodo de la Ilustración. En Luis-Pablo Rodríguez (Coord.), *Compendio histórico de la actividad física y el deporte*. Barcelona: Masson, pp. 269-288.

Capítulo 6
LAS ESCUELAS GIMNÁSTICAS

El siglo XIX será el que vea nacer a la gimnasia o gimnástica como disciplina. Su aparición no la podemos considerar como un hecho extraordinario, pues los cimientos ya estaban bien asentados desde el siglo anterior. No obstante, es durante el periodo decimonónico cuando confluyen una serie de factores que darán el impulso definitivo para el nacimiento de la gimnástica. Langlade y De Langlade (1986) destacan al respecto los siguientes:

-Un profundo cambio en los sistemas de producción, aumentándose las horas de trabajo y la especialización laboral. De forma que un trabajador pasaba diariamente muchas horas realizando la misma labor en una misma posición, ya fuera de pie, sentado, flexionado...

-A nivel educativo se aumentan las horas lectivas y la enseñanza sigue siendo eminentemente intelectualista, por lo que los escolares pasaban largas horas sentados en los pupitres.

-El tiempo libre, tanto de adultos como de infantes, fue considerablemente menor, lo que limitó las posibilidades de practicar cualquier tipo de actividad físico-deportiva.

-Las ciudades aumentaron considerablemente su tamaño y población, lo que redujo los espacios libres y limitó el acceso a escenarios idóneos para las prácticas físico-deportivas, como por ejemplo praderas o bosques.

A causa de estos cambios, comenzaron a aparecer dolencias físicas asociadas a problemas posturales y, en el caso de las clases acomodadas, incluso enfermedades propias del sedentarismo.

Todas estas circunstancias, unidas a los cimientos del periodo ilustrado (educación naturalista, endurecimiento,...) propiciaron el nacimiento de la gimnástica.

Tres serán las primeras escuelas gimnásticas, la Alemana, la Sueca y la Francesa. Algunos autores añaden una cuarta, conocida como Escuela Inglesa, que realmente hace referencia al nacimiento del deporte moderno, fenómeno planetario de indudable influencia en el ámbito de la Educación Física, pero que no se configuró como un sistema gimnástico. Es por ello por lo que diferencio entre las escuelas, de carácter eminentemente gimnástico, y el deporte moderno, que será tratado en un capítulo específico.

Tengo que destacar que no sólo en los países referenciados aparece la gimnástica, casi toda Europa vivió el nacimiento de esta disciplina, si bien los suecos, los alemanes y los franceses fueron los primeros que configuraron un sistema gimnástico característico y con gran repercusión entre sus conciudadanos. En Dinamarca, Suiza, Holanda, Chequia o Bélgica también existieron notables contribuciones a los inicios de la gimnástica pero, exceptuando a Chequia y sus *Sokols*, no tuvieron la importancia y la relevancia social de las tres escuelas gimnásticas.

En el siguiente esquema se sintetizan los contenidos de este capítulo, si bien es preciso aclarar que dichos contenidos deben relacionarse con los que se trataron en el capítulo anterior y los que se tratarán en el siguiente, en aras de que podáis entender el proceso de conformación de la Educación Física actual:

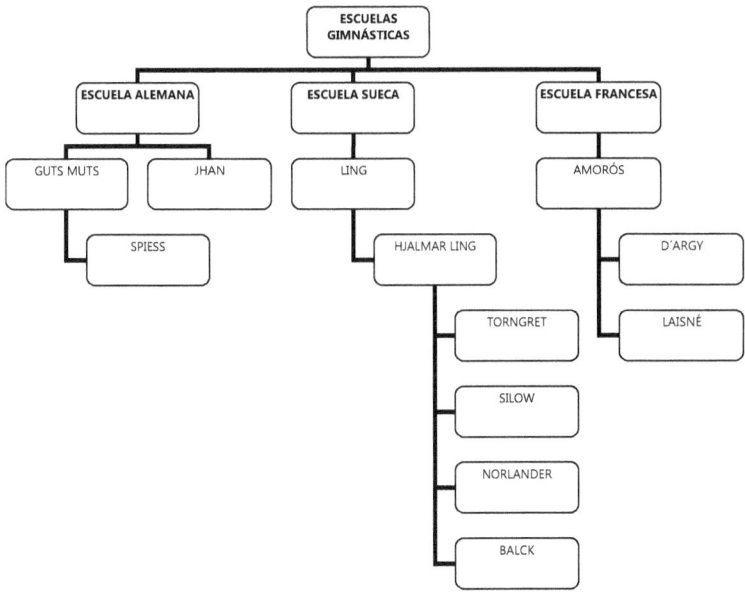

Figura 7: Contenidos del Capítulo 6.

6.1. LA ESCUELA ALEMANA

La fuente de inspiración que supusieron los *Philanthropums* dio rápidamente sus frutos, pues un discípulo de Basedow, que trabajó toda su vida en el *Philanthropum* de Schnepfenthal, Johann Christoph Friedrich Guts Muths (1778-1839), creó la primera gimnástica alemana. Esta gimnástica, que logró bastante éxito a nivel europeo, tenía un marcado carácter educativo, por lo que a su creador se le conoce como el padre de la Gimnasia Pedagógica (Langlade y De Langlade, 1986).

Sin embargo la *Gymnastik*, nombre con el que fue conocida la Gimnasia Pedagógica de Guts Muts, no tuvo una gran repercusión en su país de origen, pues fue avasallada por la gimnasia de carácter nacionalista ideada por Friedrich-Ludwig Jahn (1778-1852), que el mismo bautizó como *Turnkunst*.

Más concretamente sobrevino un conflicto entre los seguidores de la *Gymnastik* y los del *Turnkunst*, que ganaron estos últimos. De forma que las ideas de Guts Muts no enraizaron en Alemania, encontrando refugio fundamental en los países nórdicos, donde fructificaron y formaron parte de los sistemas gimnásticos que se desarrollaron en esos países.

6.1.1. *Gymnastik*

Guts Muts estuvo más de 50 años al frente del *Philanthropum* de Schnepfenthal, fue un profesional muy metódico y un hábil gimnasta. Muy influenciado por Rousseau y Basedow, propuso una educación altamente organizada que ocupaba ininterrumpidamente a los niños internos del *Philanthropum* durante toda la jornada. Los aspectos más destacados de su modelo educativo en el ámbito físico eran: dieta frugal, higiene, paseos, trabajos de jardinería, equitación, natación y circuitos atléticos (Mandell, 2006).

Su obra de referencia *Gymnastik für die Jugend* es el primer manual práctico, metódico y moderno de gimnástica (Salvador, 2004). Las actividades físico-deportivas que incluía en su modelo estaban regidas por la competición y el afán de superación. De hecho, creó unas tablas donde registraba las marcas de sus alumnos en salto de longitud, carreras sobre diferentes distancias, natación,... Así diferenciaba a los mejores, a los cuales premiaba, y constataba el progreso de cada uno.

Las praderas, los bosques, los ríos...en definitiva el entorno natural, era el contexto donde se desarrollaban estas prácticas físicas pero, a diferencia de los autores que lo inspiraron, Guts Muts no permitía que fueran actividades libres y espontáneas, sino con una organización y una planificación sumamente cuidadas. De hecho, consideraba que todos los juegos debían ser definidos en base a unos objetivos que se establecieran a priori, no permitiendo los que espontáneamente pudieran crear sus alumnos. Así creó una serie de juegos que se distinguían por el establecimiento de objetivos, el orden, la sobriedad y el respeto a la autoridad.

Las sesiones gimnásticas debían llevarse a cabo a primera hora de la mañana, comenzando y finalizando con ejercicios suaves. En la parte central de la sesión proponía ejercicios generales de brazos y piernas, después, en función del objetivo marcado, planteaba ejercicios específicos para lograran su consecución.

Como ya he comentado, esta *Gymnastik* fue superada por el *Turnkunst*, sin embargo no desapareció completamente del ámbito alemán, encontrando en Spiess, el padre de la Gimnasia Escolar Alemana (Langlade y De Langlade, 1986), un continuador, si bien éste modificó ampliamente los procedimientos de Guts Muts.

GUTS MUTS: GYMNASTIK DE CARÁCTER PEDAGÓGICO. POCA TRASCENDENCIA NACIONAL PERO MUCHA INTERNACIONAL.

6.1.2. *Turnkunst*

Friedrich Ludwig Jahn fue un destacado personaje de la época a nivel político y también educativo. Dotado de un imponente físico, gran admirador del nacionalista Fichte y con un marcado odio hacia los invasores franceses que ocuparon su Prusia natal desde 1806, ideó un sistema gimnástico que iba mucho más allá de la formación corporal, siendo un instrumento al servicio de su gran fin: lograr que el poderío del pueblo alemán se impusiera a la tiranía de los príncipes, al control de la iglesia y al saqueo de los invasores, logrando la unificación de la nación alemana (Mandell, 2004).

Por tanto, estamos ante un sistema gimnástico de claros tintes nacionalistas, de hecho rechazó como denominación del mismo cualquier palabra de raíz extranjera, eligiendo el nombre de *Turnkunst*, cuya raíz es la palabra *Turn* (referida a los torneos caballerescos propios de la Edad Media, que fueron muy famosos en tierras germanas y eran admirados por Jahn). De la cual también deriva la palabra *turner*, que designa al auténtico gimnasta alemán.

Como explica Mandell (2006), Jahn comenzó a trabajar en 1809 en una escuela berlinesa como maestro. A partir de entonces comenzó a fraguar su modelo gimnástico y es en 1811 cuando, debido al gran éxito que tenía entre sus alumnos, abrió un campo deportivo dirigido tanto a alumnos como a personas externas. En este campo practicaban una gimnasia de eminente carácter paramilitar y con la utilización de muchos aparatos, los cuales en su gran mayoría habían sido inventados por el propio Jahn.

Este campo deportivo, que inicialmente estaba al aire libre pero que después se reubicó en un recinto cerrado, fue el origen de los llamados *turnplätze*, que podríamos identificar como gimnasios donde practicar el *Turnkunst*, aunque también servían como recintos para asambleas, reuniones o mítines de corte político.

La gimnástica nacionalista de Jahn quedó definida en su obra *Deucher Volkstum* y perfeccionada en la posterior *Deutsche Turnkunst*. Conforme se fue haciendo más popular entre la juventud germana, fueron proliferando los *turnplätze* por toda la geografía alemana.

Tras la expulsión de las tropas napoleónicas en 1813, Jahn fue aclamado como un héroe nacional, pero la restauración política que siguió, de marcado carácter conservador, vio en Jahn a un agitador peligroso por lo que comenzó a ser vigilado. En 1819, tras el asesinato del dramaturgo Kotzabue, supuesto espía del gobierno ruso, a manos de un *turner* radical, los *turnplätze* fueron clausurados por ser considerados focos de sublevación y Jahn encarcelado (Mandell, 2006).

Turnvater, como era conocido Jahn, fue liberado cuando no había cumplido aún un año de presidio, pero a partir de entonces dejó de ser el activista enérgico que había sido. La prohibición del *Turnkunst* estuvo vigente hasta 1842, periodo conocido como Bloqueo Gimnástico, si bien de forma soterrada algunos *turnplätze* siguieron funcionando en regiones como Sajonia o Oldenburg.

En 1842 el Káiser Federico Guillermo levantó la prohibición y situó bajo su protección al *Turnkunst*, que pasó a ser el sistema gimnástico nacional. Incluso condecoró con la Cruz de Hierro a Jahn, pero éste nunca volvió a recuperar la fortaleza y la determinación que lo caracterizó antes de su encarcelamiento, muriendo en 1852 en la más estricta privacidad (Salvador, 2004).

En relación a las características intrínsecas de su sistema gimnástico, hay que destacar que si bien el *Turnkunst* acabó imponiéndose a la *Gymnastik*, sería erróneo pensar que se trataba de planteamientos absolutamente opuestos. De hecho Jahn tomó como referencia la educación naturalista de Rousseau, utilizó inicialmente espacios abiertos naturales como hacía Basedow, fomentó la competición como Guts Muts e incluso utilizó equipamientos que éste había creado.

No obstante había notables diferencias con la *Gymnastik*, para Jahn debía vivir quien puede vivir, siendo fundamental no una fuerza física descomunal sino una determinación irreductible contra los obstáculos de la vida. Su lema era: "Sin combate no hay honor" (Guillet, 1971, p. 59). En base a ello proponía juegos y actividades violentas, que aumentaban la combatividad de los alumnos y fortalecían la camaradería y el sentimiento de grupo. También eran muy comunes los recorridos en plena naturaleza superando las dificultades del entorno (ríos, barrancos, muros de piedra...), sin buscar atajos o alternativas sino prevaleciendo el afán de superar cualquier obstáculo que apareciera.

Conforme fue sistematizando su modelo gimnástico, creó aparatos que sustituyeron los medios naturales que inicialmente utilizaba, como las ramas o los troncos de los árboles, los animales,...así nacieron la barra fija, los potros, los caballos o las paralelas (Salvador, 2004). Este nuevo equipamiento gimnástico favoreció el desarrollo de los ya mencionados *turnplätze*, a los que progresivamente Jahn y sus seguidores se fueron trasladando en detrimento de la naturaleza.

Sin embargo, hay que destacar que no existía una coherencia metodológica o una organización de las partes de la sesión o de los contenidos a tratar, sino un cúmulo de ejercicios variados que iban sucediéndose sin orden aparente y con frecuentes consignas patrióticas. En un principio el recorrido por plena naturaleza determinaba las actividades a realizar (vadear un río, saltar una piedra, subir a un árbol,...) y ya en los *turnplätze*, a modo de imitación de lo que originariamente hacían, proponían una sucesión de ejercicios acordes con los obstáculos que solían encontrar en plena naturaleza. A estos ejercicios se fueron añadiendo otros: carreras de fondo, lanzamiento de jabalina germánica, carreras en zig-zag, transportes de pesos, luchas y juegos folclóricos teutónicos.

JAHN, CREADOR DEL *TURUNKUNST*: SANO, LIBRE, FUERTE Y PURO.

6.2. ESCUELA SUECA

Pher Henrick Ling (1776-1839), coetáneo de Jahn, estudió teología en la Universidad de Lund y completó sus estudios posteriormente en la Universidad de Upsala. Fue oficial del ejército sueco en las guerras contra Prusia y Rusia, que desembocaron, respectivamente, en la perdida de territorios en el sur de Suecia y en la anexión de toda Finlandia a Rusia. Estas derrotas, además de dejar a Ling en un estado físico lamentable, hicieron florecer en él un profundo sentimiento nacionalista, de hecho llegó a fundar la Asociación para el Renacer de la Energía y la Actividad Nacional (Salvador, 2004).

Ling trató de encauzar a través de la literatura su ideal patriótico, pero sería como profesor de gimnástica como pasaría a la historia y no tanto como literato. Si bien su gimnasia fue menos belicista que el *Turnkunst*, indudablemente tenía un origen nacionalista que en este caso se centró en la salud pública y la regeneración de la sociedad, combatiendo los estragos que el alcoholismo y la tuberculosis, grandes lacras de la época, estaban causando en la sociedad sueca.

Los primeros contactos de Ling con la gimnástica acontecen a partir de 1799, cuando viaja a Copenhague con el fin de estudiar lenguas europeas y desarrollar su faceta como escritor. Al respecto tengo que destacar que la gimnástica nunca estuvo inicialmente en sus planes, sin embargo durante esta estancia entra en contacto con las gimnasia educativa de Guts Muts gracias a Franz Nachtegall (1777-1847) quien, muy influido por la obra del alemán y tras trabajar en el *Philanthropum* de Copnehague, había fundado el Instituto Militar de Gimnasia, primer centro de formación específica de los tiempos modernos (Langlade y De Langlade, 1986).

El joven Ling asiste al centro gimnástico de Nachtegall y constata la valía de la práctica continuada de la gimnástica en el mantenimiento y mejora de la salud; pues el mismo experimenta una notable mejoría en la parálisis que sufría en un brazo y en el mal estado físico generalizado en el que se encontraba, debido a las heridas sufridas en combate. Además, asiste a una escuela francesa de esgrima, lo que le permitió mejorar notablemente su pericia en este arte.

En 1804 acepta un trabajo como profesor de esgrima en la Universidad de Lund, volviendo así a su Suecia natal. A partir de entonces, durante los ocho años que trabajó allí, llevó a cabo una campaña en favor de la introducción de la gimnástica en toda Suecia. Como afirma Mandell (2006), impartió cursillos y seminarios sobre gimnasia, que inicialmente se basaba en la utilización de aparatos alemanes pero simplificando los ejercicios que se realizaban con éstos. También fomentó la práctica de la natación y la esgrima por toda la geografía sueca, abanderando los beneficios que podrían reportar estas prácticas saludables para la población.

Fue un gran docente y un mejor político, por lo que rápidamente logró codearse en los círculos más influyentes de la sociedad sueca. De hecho fue nombrado profesor de esgrima de la Real Academia Militar y mantuvo una buena relación con la Familia Real. Todo ello fue determinante para que lograra, por Real Decreto de 5 de mayo de 1813, la fundación del Real Instituto Central de Gimnasia de Estocolmo, que llegaría a ser el centro de referencia en Europa en la formación de profesores de gimnasia (Langlade y De Langlade, 1986).

En un principio trató de fundamentar su método, conocido como Gimnasia Sueca, en los ejercicios que por entonces se practicaban, casi todos provenientes de la órbita alemana, pero constató que no tenían una base científica sino que se apoyaban simplemente en la experiencia, sin fundamentos anatómicos y fisiológicos que los avalaran. Por ello, estudió el cuerpo humano en profundidad y, en base al conocimiento que adquirió, definió su gimnasia.

La finalidad que perseguía era el mantenimiento y la mejora de la salud, como dice Salvador (2004), para ello era fundamental la armonía en la formación corporal, la simetría en el trabajo y el cuidado especial de las partes más débiles del cuerpo. En base a ello propuso ejercicios segmentarios que trabajaran de forma diferenciada las partes del cuerpo y que tuvieran un carácter compensatorio, corrigiendo los desequilibrios corporales y, en definitiva, buscando un desarrollo armónico e integral del organismo.

Ling, mucho más metódico que Jahn, diferenció teóricamente cuatro tipos de gimnasia: pedagógica, militar, médica y estética. La última estaba referida a la mujer de forma específica. No obstante, sólo trabajó de forma práctica la militar y una síntesis de la pedagógica y la médica.

Las lecciones estaban compuestas por una sucesión metódica de ejercicios analíticos, en los que se marcaba claramente la posición inicial, la intermedia y la final, siendo la respiración un elemento indispensable, pues determinaba el ritmo de ejecución de cada una de estas posiciones. El profesor tenía como labores fundamentales organizar a su alumnado, marcar los tiempos de ejecución y corregir los errores.

Según Gutiérrez Salgado (1970), las tipologías de ejercicios propias de la Gimnasia Sueca eran las dos siguientes:

-Ejercicios sin aparatos: a pie firme y con apoyo animado de compañeros.

-Ejercicios con aparatos: izamientos, trepas, suspensiones, equilibrios, volteo en caballo de madera...

Este mismo autor defiende que, aunque el orden de la sesión podía variar, en general seguía el siguiente esquema:

-Ejercicios de orden y colocación.

-Movimientos preparatorios en los planos muscular y orgánico.

-Movimientos fundamentales, donde específicamente se trataban de compensar los desequilibrios corporales.

-Movimientos de aplicación, que normalmente incluían juegos y competiciones.

-Movimientos sedantes de retorno a la calma.

LING: GIMNASIA SUECA DE CARÁCTER ANALÍTICO Y COMPENSATORIO. EL FIN ERA EL MANTENIMIENTO Y MEJORA DE LA SALUD.

6.2.1. Continuadores de Ling

Pher Henrick Ling, a pesar de su rigurosidad, no llegó a publicar una obra que presentara y caracterizara el sistema gimnástico que había creado. Fue su hijo Hjalmar (1820-1886) quien sistematizó, ordenó y completó su obra (Langlade y De Langlade, 1986). Sin él, la Gimnasia Sueca no hubiera logrado la popularidad y el reconocimiento internacional que llegó a tener.

Además, Hjalmar Ling adaptó los principios de la Gimnasia Sueca al ámbito escolar, creando las conocidas tablas de gimnasia. Éstas constituyeron una evolución desde la rigidez propugnada por su padre a una mayor naturalidad en los movimientos.

La internacionalización y reconocimiento que, gracias a Hjalmar Ling, tuvo la Gimnasia Sueca acarreó, paradójicamente, una secuela negativa. Me refiero a la dura pugna que mantuvieron los seguidores del *Turnkunst* con los de la gimnasia de Ling, que se conoció como Lucha de las Barras. Esta controversia entre los dos modelos gimnásticos predominantes en Europa, fue desatada por el alemán Rothstein y alcanzó su punto culminante en 1862. La Lucha de las

Barras planteaba la supremacía europea de uno u otro sistema gimnástico, comparando los procedimientos, medios, ventajas y desventajas de uno y otro.

El concepto de Lucha de las Barras no queda aún claro si estaba referido a los seguidores de uno y otro modelo gimnástico, o a quiénes habían sido los inventores de las barras gimnásticas que ambas escuelas utilizaban (los suecos defendían que esas barras eran originarias de su país y los alemanes que ellos eran los auténticos padres de las mismas).

Sin embargo, las controversias para la Gimnasia Sueca no finalizaron en su pugna contra el *Turnkunst*, puesto que, tras Hjalmar Ling, hubo una clara escisión en los continuadores de la Escuela Sueca. Por un lado los llamados ortodoxos, que seguían las líneas marcadas por Ling, entre los que encontramos a Törngren, Norlander y Silow, que contribuyeron a difundir y perfeccionar el método sueco.

Por otro lado, los opositores a éstos, conocidos como heterodoxos, entre los que destacan Nyblaeus, Santensson y Balck. Los dos primeros criticaron ampliamente la artificialidad y el carácter estereotipado de la Gimnasia Sueca, fomentando movimientos más libres y naturales. El último fue el gran defensor del deporte en Suecia, abogando por la introducción en su país de este fenómeno surgido en Inglaterra y que estaba extendiéndose por todo el mundo a una velocidad vertiginosa.

HJALMAR LING: SISTEMATIZA LA OBRA DE SU PADRE. DESPUÉS ORTODOXOS Y HETERODOXOS.

LUCHA DE LAS BARRAS: TURNKUNST Vs. GIMNASIA SUECA.

6.3. ESCUELA FRANCESA

La gimnástica en Francia, originariamente, no tuvo una repercusión tan acusada como en Alemania y Suecia. Bien es cierto que, al igual que germanos y nórdicos, buscó la regeneración física de la sociedad, pero a diferencia de estos países nunca tuvo un marcado carácter socio-político de tipo nacionalista. Ello, posiblemente, se debió a que el padre de la gimnástica francesa fue un español, Francisco de Borja Amorós y Ondeano, Marqués de Sotelo (1770-1848).

La ausencia de una impronta nacionalista en la gimnástica francesa, fue un factor determinante que limitó su consolidación y ocasionó la pronta aparición de críticas, que desembocaron en una gran influencia de la Gimnasia Sueca dentro de Francia, sobretodo a partir de la Lucha de las Barras.

Amorós nació en Valencia y se inició en la carrera militar, llegando al grado de coronel. Su carácter liberar le granjeó respeto y consideración dentro de la administración francesa durante la invasión napoleónica (Salvador, 2004). Ente 1807 y 1808 trabajó como docente en el innovador Real Instituto Militar Pestalozziano de Madrid, institución de la que llegó a ser director y donde posiblemente empezó a esbozar su método gimnástico.

En 1813, a punto de finalizar la Guerra de la Independencia, Amorós optó por exiliarse en París, pues su carácter de afrancesado ponía en entredicho no sólo su posición social sino su propia vida (Spivak, 1990).

Una vez instalado en la capital francesa comenzó una profusa campaña a favor de su gimnástica, que incluso llegó a llamar la atención de la realeza. Así, logró crear el Gimnasio Normal Militar y Civil de París, donde comenzó a impartir su método gimnástico.

Durante los primeros años el éxito de Amorós fue considerable, pero poco a poco fue perdiendo notoriedad y recibiendo cada vez más críticas, en especial de Phokio Clias que tachó la Gimnasia Amorosiana de militarizante y acrobática, lo cual la hacía peligrosa y poco apta para la mayoría de la población, especialmente para los escolares.

No sería el único crítico y éstos aumentaron una vez muerto Amorós, incluyendo a discípulos suyos. Todo ello influyó de forma determinante en el hecho de que no arraigara su método, como sí lo hicieron el de Jahn o el de Ling. Sin embargo, como afirma Spivak (1990): "no podemos dejar de reconocer que al fin y a la postre, ese fue el método que prevaleció en Francia hasta el año 1900. Los reglamentos militares de gimnasia de 1846, 1848 y del Segundo Imperio lo expurgaron y redujeron probablemente demasiado, pero aun así, es la base, el fundamento de la gimnasia" (p. 139).

Lo obra de referencia de Amorós fue el famoso *Manual de Educación Física, Gimnástica y Moral*, conformado por dos tomos y un atlas de ejercicios y aparatos. En el título de esta obra se observa una de las características más relevantes de la Gimnasia Amorosiana, la educación moral. De hecho, el fin último de su gimnástica era alcanzar la perfección moral a través de la práctica de ejercicios físicos. Esta idea la plasmó en aspectos como la utilización del canto (de marcado contenido moralista), la práctica de ejercicios de carácter altruista como los salvamentos, las clases teóricas sobre aspectos morales y la conocida hoja fisiológica del alumno.

Gutiérrez Salgado (1970) expone los tipos de gimnasia que diferenció este coronel español: civil industrial, militar, médica y escénica o funambúlica. Asimismo, plantea las tres principales características de su método. En primer lugar la diferenciación de niveles, por un lado gimnasia elemental (formada por ejercicios sencillos sin aparatos, que se adaptaban a las características individuales de cada sujeto: edad, sexo, estado físico,...) y, por otro lado, gimnasia completa (orientada hacia personas capacitadas físicamente y bien entrenadas, que requería de instalaciones y materiales específicos y se componía de ejercicios más complejos e incluso espectaculares).

En segundo lugar destaca la utilización de la hoja fisiológica del alumno como recurso de educación moral. En este documento el profesor estudia a su alumno no sólo en la faceta física, sino en aspectos propios del carácter. En uno y otro ámbito propone medidas para corregir sus defectos y dirigirle hacia el ideal moral que propugnaba, el altruismo.

En tercer lugar, expone que la gimnástica de Amorós destacó por la utilización de sus famosos pórticos. Si bien utilizó también pequeños aparatos, muy acordes con los utilizados en las órbitas sueca y alemana, su gran aportación en el ámbito de los recursos materiales fue el diseño de estas máquinas, como él mismo las denominaba. Según Hernández Vázquez (1990), con el término máquinas se refería a las construcciones que están siempre en el mismo sitio, que no pueden ser desplazadas o transportadas y que permiten que practiquen dos o más personas simultáneamente.

Muchas de estas grandes estructuras quedan recogidas en el atlas de su obra de referencia. Concretamente, los pórticos eran un conjunto de mástiles, cuerdas, escalas, barras paralelas, escaleras, barras de equilibrio...que conformaban una macro-estructura gimnástica donde su alumnado podía practicar equilibrios, trepas, luchas con bastones, ejercicios de fortalecimiento, salvamentos,....

Por último, quiero exponer el modelo de sesión que Amorós solía utilizar (Gutiérrez Salgado, 1970):

-Formación en grupos homogéneos.

-Movimientos a manos libres al compás de cantos.

-Marcha.

-Carrera.

-Suspensiones.

-Trepas.

-Equilibrios.

-Salvamentos.

-Ejercicios con dinamómetros.

-Luchas gimnásticas.

-Saltos.

-Marchas con zancos.

-Canto general a coro.

Si bien esta estructura sufría pocos cambios, a veces podía agregársele alguno o varios de los siguientes ejercicios: natación, arrastrar o elevar pesos, lanzamientos de implementos (como por ejemplo bolas pesadas o pelotas), tiro de precisión (ballesta, arcos, fusiles y pistolas), esgrima, equitación y danza.

AMORÓS: GIMNÁSTICA CON UN FIN MORAL: ALTRUSIMO. UTILIZACIÓN DE PÓRTICOS EN LAS SESIONES. MUY CRITICADO POR SU PELIGROSIDAD.

6.3.1. ¿Continuadores de Amorós? Evolución de la Gimnástica en Francia después de Amorós

Según Fernández Sirvent (2005) la proliferación de una gimnasia nacionalista en la órbita germana, debió ser uno de los factores que decidieron al gobierno galo a dar un impulso real al modelo gimnástico francés. Algo que había reclamado con insistencia Amorós durante su vida, pero que no había conseguido, posiblemente por su origen hispano y por las críticas mordaces que su método recibió.

Napoleón-Alexandre Laisné fue el principal discípulo de Amorós, tras la muerte de éste y en consonancia con el impulso gubernamental en favor del ámbito gimnástico, recibió el encargo de establecer una nueva escuela normal de gimnasia, que abrió sus puertas en 1852 en la ciudad de Joinville-le-Pont. Él, junto a otro de los discípulos de Amorós, Charles-Henri-Louis d´Argy, supervisó las enseñanzas gimnásticas que se impartían en esta escuela, introduciendo sus propias variantes al método amorosiano, las cuales fueron bastante sustanciales e incluso incluían críticas a su mentor, repercutiendo negativamente en la ya dañada reputación de la Gimnástica Amorosiana.

Pero la caída del modelo gimnástico de Amorós no sólo se debió a las críticas que recibió, a ello hay que sumar las repercusiones de la Lucha de las Barras, que trajo una notable influencia sueca al contexto francés, principalmente gracias a la obra *De la gimnástica sueca*, escrita por Héndin en 1852, y al pomposo informe que presentó la delegación francesa, compuesta por Hilliaret y Paz, enviada a Suecia para estudiar y valorar su método gimnástico.

Estas acciones y otras por el estilo precipitaron la caída de la Gimnástica Amorosiana y el inicio del periodo de los grandes movimientos gimnásticos, donde los límites de las escuelas nacionales se va a diluir en favor de una interrelación e intercambio de ideas entre diferentes corrientes, que enriquecerán sobremanera el mundo gimnástico.

CRÍTICAS A LA GIMNASIA AMOROSIANA, APUESTA POR LA GIMNASIA SUECA.

BIBLIOGRAFÍA

Fernández Sirvent, R. (2005). *Francisco Amorós y los inicios de la Educación Física moderna*. Alicante: Publicaciones de la Universidad de Alicante.

Guillet, B. (1971). *Historia del Deporte*. Barcelona: Oikos-Tau.

Gutiérrez Salgado, C. (1970). *Apuntes inéditos de sistemas y escuelas de gimnasia*. Madrid: INEF.

Hernández Vázquez, J.L. (1990). Los Aparatos de Amorós y su influencia en la gimnástica española del Siglo XIX. En *Seminario Francisco Amorós, su obra entre dos culturas*. Madrid: Excmo. Cabildo Insular de Gran Canaria, pp. 29-64.

Langlade, A. y De Langlade, N. (1986). *Teoría general de la gimnasia*. Buenos Aires: Stadium.

Mandell, R. (2006). *Historia Cultural del Deporte*. Barcelona: Ediciones Bellaterra.

Salvador, J.L. (2004). *El deporte en occidente. Historia, cultura y política*. Madrid: Ediciones Cátedra.

Spivak, M. (1990). Amorós, el hombre y su obra examinados con lupa. En *Seminario Francisco Amorós, su obra entre dos culturas*. Madrid: Excmo. Cabildo Insular de Gran Canaria, pp. 135-146.

Capítulo 7
LOS MOVIMIENTOS GIMNÁSTICOS

Después de casi 100 años del surgimiento de las escuelas, aparecen nuevas y revolucionarias contribuciones en el mundo gimnástico. El relativo inmovilismo nacional que había vivido la gimnástica se ve alterado por nuevas ideas que, en muchos casos, tienen su punto de partida en teorías originadas en otros países. Así, por ejemplo, dentro del ámbito sueco se desarrollaran nuevos conceptos que, en cierta medida, se basan en concepciones que proceden de la órbita alemana y, a su vez, en Francia se desarrollará una tendencia sueca de indudable importancia.

Por todo ello, estamos ante un periodo de la historia especialmente rico para el mundo gimnástico, pero también complejo, pues la cantidad de autores, las interrelaciones entre los mismos y las aportaciones de otros campos como la música, el teatro o el cientifismo universitario, darán al periodo de 1900 a 1939 (se toma esta fecha de referencia por el inicio de la II Guerra Mundial) una gran complejidad.

Al preparar este capítulo me resultó muy llamativo constatar que la mayoría de manuales de historia de la Educación Física y el deporte, pasan de puntillas por este periodo de singular importancia, fundamentándose en todo caso en la obra *Teoría General de la Gimnasia* de Langlade y De Langlade (1970). Si se obvia este manual, las fuentes de interés se circunscriben a los artículos de investigación publicados sobre los autores más destacados de este periodo, como Bukh, Thulin, Bode o cualquier otro. Por su especificidad, estos textos no se adaptaban al propósito de este capítulo que, siguiendo la motivación fundamental de este libro, no es otro que dar una visión de este periodo histórico ajustada al alumnado del Grado en Ciencias de la Actividad Física y el Deporte.

Por todo ello, decidí fundamentar el contenido de este capítulo en la obra de Langlade y De Langlade (1970), pues aporta una visión de conjunto clara y precisa sobre este complejo y rico periodo histórico.

En cuanto a los contenidos específicos del capítulo, indicaros que existen tres grandes movimiento gimnásticos: Movimiento del Norte, cuyo origen está en la Escuela Sueca; Movimiento del Centro, que surge de la órbita germana; y Movimiento del Oeste, que es el primero en aparecer, alrededor de 1890, y se localiza en Francia.

Con idea de que tengáis una visión de conjunto de los contenidos que se tratarán en este tema, os presento el siguiente esquema:

MOVIMIENTOS GIMNÁSTICOS. PERIODO 1900-1939					
Escuela Alemana		Escuela Sueca		Escuela Francesa	
Movimiento del Centro		**Movimiento del Norte**		**Movimiento del Oeste**	
Manifestación A-R-P*	Manifestación T-P**	Manifestación T-P	Manifestación Científica	Manifestación Científica	Manifestación T-P
Noverre Delsarte Duncan		Björksten Bukh Falk	Lindhard	Marey Lagrange Tissié	
Dalcroze	Galhoufer				
Laban Wigmann	Streicher				
		Thulin		Demeny	
Bode Medau Jalkanen Idla		Carlquist			Hébert

*Manifestación Artístico Rítmico Pedagógica.
**Manifestación Técnico Pedagógica.

Figura 8: Contenidos del Capítulo 7. Adaptado de Langlade y De Langlade (1970).

7.1. MOVIMIENTO DEL CENTRO

7.1.1. Manifestación artístico rítmico pedagógica

El fruto de esta manifestación es la Gimnasia Moderna, creada por Rudolf Bode. Sin embargo, antes de abordar las características de la misma y las aportaciones que hicieron los continuadores de Bode, es preciso profundizar en las figuras que inspiraron a este autor.

7.1.1.1. Inspiradores

Los inspiradores de la Gimnasia Moderna provienen de campos artísticos, como son la música, el teatro y la danza. El primero de ellos fue **Jean Georges Noverre** (1727-1810), probablemente de origen suizo y que, tras su carrera como bailarín, llegó a ser un reputado coreógrafo y maestro de ballet, incluso ostentó este cargo en la Ópera de París. Sus creaciones huían de lo tradicional, eran originales, inspirándose en la naturaleza, y acentuaban lo que él denominó el factor emotivo-humano. Este último aspecto es de singular importancia, pues defendía que la danza debía sentirse y así lograr que el público experimentase ese mismo sentir. En caso contrario, la danza se convertía en movimientos ejecutados con gran destreza, lo cual es digno de admiración, pero no despertaría ningún otro sentimiento en el espectador.

En segundo lugar se encuentra **François Delsarte** (1811-1871) y los continuadores de su obra. Delsarte fue un actor francés que, tras perder la voz, se vio obligado a abandonar su carrera artística y se dedicó a la enseñanza de la elocuencia y el arte dramático. Su gran aportación para el ámbito gímnico se encuentra en la creación de una clasificación de gestos corporales (de manos, pies, brazos, piernas,...) que muestran los diferentes estados emocionales. Su finalidad era que el actor, mediante actitudes y movimientos, transmitiera al espectador los estados emocionales que estaba representando, para que éste pudiera vivirlos con la misma intensidad.

Las ideas de Delsarte llegaron a EE.UU por medio de uno de sus discípulos, Steele Mackaye. Allí sufrieron considerables transformaciones, que las convirtieron en un sistema de ejercicios físicos donde primaba la expresión emocional a través de ejercicios con atractivas posturas. Una de las principales representantes de este sistema fue Genevieve Stebbins, siendo una de sus discípulas, en concreto Hedwig Kallmeyer, la que lo llevaría a Europa.

Kallmeyer fundó en 1909 el Instituto de Cultura Expresiva y Corporal, sito en Berlín, que enseñaba el llamado Sistema Delsarte como Educación Física para la mujer. Esta escuela y la obra de su fundadora influyeron notablemente en Bode, sobretodo en lo relacionado con la expresión de los sentimientos y los movimientos espontáneos que expresaran diferentes estados de ánimo.

La tercera línea inspiradora de la Gimnasia Moderna se encuentra en la revolucionaria **Isadora Duncan** (1878-1929), cuyas contribuciones al mundo de la danza favorecieron sobremanera al Movimiento Expresionista de Munich. Esta bailarina y coreógrafa autodidacta, pretendía renovar la danza, no sólo su tradicional técnica sino su ideología, pues fue defensora de una danza libre, en la que el academicismo, las posturas clásicas y las puntas desaparecieran.

A lo largo de su vida fundó varias escuelas, defendiendo la utilización de la gimnasia como parte de la formación del bailarín. Esta disciplina no sólo era importante en las primeras etapas formativas, sino como ejercicios diarios que debían realizar metódicamente para lograr una adecuada preparación física y un desarrollo corporal armónico. Decía Duncan que, después de toda esta preparación, vendría la danza.

Respecto a esta utilización de la gimnasia, es importante resaltar que se trata de un medio, no del fin de su enseñanza, pues éste vendría siempre representado por la danza.

Admirada y denostada, fue un punto de inflexión en el ámbito de la danza, inspirando a autores expresionistas como Laban (1879-

1958) o Wigmann (1888-1973), e incluso sirviendo de referencia para Dalcroze (1865-1950) y sus experiencias dentro de la enseñanza musical.

Este último autor, **Dalcroze**, fue un intelectual singularmente dotado para la música, que trabajó en conservatorios europeos de gran relevancia como el de Viena o el de Ginebra.

A partir de 1905 comenzó a desarrollar su Rítmica, un método de enseñanza centrado en el ritmo. Inicialmente recibió bastantes críticas, lo que le llevó a dejar el conservatorio de Ginebra e impartir cursos particulares. Pronto le llegó el reconocimiento y la fama, impartiendo seminarios por toda Europa y abriendo varias escuelas, las más importantes fueron la de Hellerau (Alemania) y la de Ginebra.

La Rítmica de Dalcroze era una especie de solfeo corporal, que establecía movimientos corporales por y para el ritmo. No se trataba de música, aunque se orientaba hacia ella, ni tampoco de una Educación Física pues era incompleta. Simplemente era un medio que preparaba al sujeto para todas las artes basadas en el movimiento, dotándolo de un sentido rítmico y estableciendo relaciones armoniosas entre los movimientos corporales.

Por último, dentro de los inspiradores de la Gimnasia Moderna, hay que destacar a los citados representantes del Movimiento Expresionista de Munich, Rudolf von Laban y Mary Wigmann.

Laban, célebre coreógrafo con una vasta formación académica en arte y ciencias, llegó a ser Director de Movimiento en el Berlín State Opera y abrió numerosas escuelas de danza. Al final de la II Guerra Mundial se trasladó a Inglaterra, donde vivió hasta su muerte, siendo muy admirado por su trabajo.

Muy influido por Duncan, era contrario al uso de las puntas y defendía que el gesto expresivo tenía que dar origen a una liberación del alma y del cuerpo. Sus principales contribuciones fueron el icosaedro, los coros de movimiento y la labanotación.

El icosaedro era una estructura de cuerdas del tamaño del bailarín y con la forma de este poliedro de 20 caras. El bailarín trabajaba su técnica dentro de este poliedro, que le servía de sistema de referencia, viendo los puntos hacia y desde los cuales se movía, aumentando así su precisión y descubriendo nuevas formas de movimiento.

Los coros de movimiento consistían en coreografías ejecutadas de la misma forma y simultáneamente por varios bailarines, no para formar figuras o acompañar al bailarín principal, sino para expresar emociones de forma conjunta.

En cuanto a la labanotación, sólo indicar que se trataba de un sistema de representación simbólico de los movimientos corporales. Todas las formas de movimiento podían ser representadas gráficamente, lo cual era de gran utilidad, no sólo en el campo de la danza sino también en el de la gimnasia.

Mary Wigmann, estudió la Rítmica de Dalcroze en la escuela de Hellerau. A pesar de su entusiasmo inicial, pronto se desencantó por la simplicidad de movimientos y la primacía de la música. Posteriormente conoció la obra de Laban y asistió a la escuela de éste en Ascona (Suiza). Durante años se formó y trabajó junto a su maestro, al que admiraba, hasta que en 1918 decidió emprender su propio camino. Así abrió su propia escuela en Dresde, donde además era la coreógrafa de la Ópera de la ciudad.

Las principales aportaciones de Wigmann son las siguientes: la utilización de temáticas nacionalistas en sus coreografías y la importancia de enseñar a los bailarines a interpretar estados emocionales como la alegría, la tristeza, el miedo… de tal forma que, mediante la combinación de gestos, se transmitiera una gran emotividad. La enseñanza de esta emotividad la basaba en el aprendizaje de gestos específicos, que combinaban fases de extrema tensión con otras de relajación.

INSPIRADORES: NOVERRE (DANZA), DELSARTE (TEATRO), DUNCAN (DANZA), DALCROZE (MÚSICA), LABAN Y WIGMANN (DANZA EXPRESIONISTA).

7.1.1.2. Gimnasia Moderna

Rudolf Bode, creador de la Gimnasia Moderna, contaba con una amplia formación en ciencias físicas, ciencias naturales, filosofía y música. Se matriculó en una de las escuelas de Dalcroze, donde descubrió la relación pedagógica entre la música y los movimientos corporales. A partir de entonces comenzó a desarrollar su gimnasia, abriendo una Escuela de Gimnasia Rítmica en Munich en el año 1911, al frente de la cual estuvo hasta su muerte. Al respecto es preciso aclarar que no se trataba de una escuela donde se enseñara la actual modalidad deportiva de Gimnasia Rítmica, que aún no existía. Bode se refería a la gimnasia que se basaba en el ritmo y a la que bautizó con el apelativo de moderna.

El origen de esta gimnasia hay que buscarlo en una reacción, por un lado, contra el factor físico de los sistemas de la época, donde lo que primaba eran los principios anatómicos y fisiológicos. Por otro lado, contra los movimientos excesivamente programados y analíticos, que eran totalmente antinaturales.

Su fin era lograr un ritmo natural de movimiento en el ser humano, en el que el factor físico y el psíquico se unieran como forma de expresión. Bode (1957, citado por Langlade y De Langlade, 1970) define su gimnasia como "el desarrollo del movimiento en toda la actividad humana, tanto en una secuencia orgánica correcta, como en un movimientos inspirado en la fantasía. La continua interacción de ambos, es su finalidad esencial" (p. 91).

Bajo esta orientación, la Gimnasia Moderna se va a regir por tres principios:

-Principio de la totalidad: cualquier movimiento que se realice debe dar la oportunidad a que la unidad cuerpo-espíritu actúe de forma armoniosa y rítmica. Para Bode todos los movimientos deben partir del centro de gravedad, por lo que el trabajo de los músculos que rodean este punto es de vital importancia. A partir de este origen, el movimiento se transmite rítmica y armoniosamente al resto del cuerpo, como las ondas que crea una piedra al caer en un estanque en calma.

-Principio del cambio rítmico: todo movimiento debe ser un constante y rítmico pasaje de estados de tensión a relajación y viceversa. En la aplicación de este principio, será de vital importancia la técnica de la oscilación, por la que el movimiento se inicia con la contracción de los músculos agonistas, que posteriormente se relajan permitiendo que el recorrido previsto finalice gracias a la inercia lograda. En todo este proceso Bode defendía que el alma debía intervenir como elemento elevador del movimiento.

-Principio de la economía: sólo los movimientos totales, rítmicos y elevados por la participación del espíritu son económicos. En el polo contrario están los movimientos analíticos, que son los más dispendiosos porque no son formas naturales de movimiento.

A partir de estos principios Bode estructura su gimnasia con ejercicios de relajamiento, oscilación, tensión, lanzamiento, empuje, tracción, presión,...todos ellos con el acompañamiento durante la ejecución de la voz o de instrumentos de percusión, que no sólo ayudaban a realizar una ejecución rítmica sino que fomentaban el sentir interno del movimiento. Estos ejercicios, dotados siempre de una gran expresividad, los agrupaba en ejercicios de equilibrio, de tronco, de *ferdern* o resorte (que incluía aquellos de transmisión del resorte a las piernas y a los brazos) y de trabajo con aparatos pequeños (bastón, pelotas, tamburín y balón medicinal).

Esta relación de ejercicios precisa de dos matizaciones. La primera que la utilización de aparatos era siempre accesoria, pues lo esencial era que el alumno dominara los movimientos con su propio cuerpo. La segunda se refiere al concepto de resorte, para Bode todo ejercicio debe iniciarse con una acción de resorte desde los miembros inferiores, que transmiten ese movimiento al tronco, cuya movilidad es esencial para transmitir la energía recibida a las extremidades superiores. Tanta importancia tiene este concepto, que todos los movimientos propios de la Gimnasia Moderna se basan en él.

GIMNASIA MODERNA: BÚSQUEDA DEL RITMO NATURAL DE MOVIMIENTO. SE BASA EN TRES PRINCIPIOS: TOTALIDAD, CAMBIO RÍTMICO Y ECONOMÍA.

7.1.1.3. Continuadores de Bode

La obra de Bode fue muy valorada y rápidamente difundida por todo el mundo, en gran medida gracias a sus discípulos directos o indirectos, que se encargaron de internacionalizar la nueva Gimnasia Moderna a partir de la llamada Liga Internacional de la Gimnasia Moderna. Entre ellos cabe destacar a Medau, Jalkanen e Idla.

Hinrich Medau y su esposa Senta, fueron los más importantes continuadores de Bode, con las selecciones de su escuela de Coburg realizaron exhibiciones por todo el mundo, destacando las realizadas en los Juegos Olímpicos de Berlín (1936) y en la I Lingiada (1939). Mientras Hinrich se centraba en la composición musical, Senta lo hacía en la construcción del movimiento y la coreografía.

Las principales aportaciones del matrimonio Medau a la Gimnasia Moderna fueron: aumentar la importancia de los aparatos manuales, los cuales dejaron de ser secundarios; insistir en una correcta postura como punto inicial de cualquier movimiento gimnástico; utilizar la improvisación musical como una nueva fuente de ejercicios novedosos; y recurrir a los palmoteos y a los golpes en el suelo como recursos metodológicos de gran importancia para marcar el ritmo.

Hilma Jalkanen, finlandesa y alumna de Elli Björksten, fue la creadora de la nueva Gimnasia Finlandesa, que ahogó a la de su maestra, sobretodo a partir del reconocimiento que recibió a raíz de la II Lingiada (1949). Esta gimnasia se basaba en los principios de Bode y sobre ellos realizó sus propias aportaciones.

Para Jalkanen la gimnasia era un conjunto de movimientos naturales pero estilizados, entendiendo por natural los que se rigen por las leyes anatomo-fisiológicas del cuerpo y por estilizados aquellos que no se emplean en la vida diaria, pero que se crean para restablecer la armonía del cuerpo. Muy influida por Wigmann, Jalkanen será la que más apueste por la expresividad corporal, utilizando para ello la alternancia entre contracción y relajamiento muscular. Además, su formación inicial de carácter sueco, será determinante en la importancia que dio a la corrección postural.

Por último se encuentra Idla que, tomando como base la Gimnasia Moderna, desarrollo la llamada Gimnasia Estoniana. Sus equipos de exhibición, denominados *Idlaflockornas* (muchachas de Idla) se hicieron muy populares en la II Lingiada, a partir de la cual realizaron frecuentes exhibiciones por todo el mundo.

Si bien el trabajo de Idla tiene un marcado carácter propio, se fundamenta en los tres principios de la Gimnasia Moderna. Sus principales aportaciones se pueden resumir en las siguientes: el énfasis en los movimientos con recorridos articulares totales, la preocupación postural, el trabajo a manos libres de todo el cuerpo, la importancia de los aparatos (sobre todo de espalderas y bancos suecos), así como la utilización de la música para dirigir los movimientos. Esto último lo ponía en práctica tras un proceso de aprendizaje por parte del alumnado, primero el profesor guiaba las prácticas hablando rítmicamente, después melódicamente, en tercer lugar cantaba y, por último, utilizaba la música como guía en la ejecución de los diferentes ejercicios.

7.1.2. Manifestación técnico-pedagógica

Esta manifestación viene representada por la Gimnasia Escolar Austriaca, cuyos creadores fueron los también austriacos Karl Gaulhofer y Margarete Streicher.

Gaulhofer, profesor de gimnasia y doctor en ciencias naturales, fue un excelente gimnasta. Ocupó altos cargos administrativos como el de Inspector de Educación Física y el de Director del Instituto para la Formación de Profesores. A partir de 1932 se trasladó a Holanda, donde ocupó el cargo de Rector de la Academia de Educación Física de Ámsterdam.

Por su parte, Streicher, fue profesora de gimnasia y obtuvo un doctorado en letras. Trabajó como profesora de gimnasia femenina en el Instituto dirigido por Gaulhofer, donde comenzó la colaboración entre ambos, y tras la marcha de éste a Holanda, ocupó su cátedra de gimnasia.

El proceso de creación de la Gimnasia Escolar Austriaca debe situarse entre 1919 y 1931, siendo claro y patente, tal y como sus propios creadores afirman, que es fruto del trabajo conjunto entre Gaulhofer y Streicher.

La motivación que determinó la creación de esta gimnasia se encuentra en cuatro factores diferenciados. En primer lugar una reacción crítica contra los sistemas gimnásticos de la época, a los que tachaban de excesivamente directivos y muy analíticos, de forma que coartaban constantemente la sed de movimientos. En segundo lugar, la búsqueda de una fundamentación científica para los ejercicios físicos. En tercer lugar, la defensa de una educación total que no diferenciara entre educación corporal, intelectual y moral. Por último, el deseo de facilitar al niño formas naturales de movimiento, con gran relevancia del juego y la naturaleza.

A partir de este punto de partida y siendo conocedores de la obra de Guts Muts, el *Turnkunst*, la Gimnasia Sueca, la Gimnasia Moderna y los deportes ingleses; comenzaron a desarrollar un sistema propio que tomó algo de cada una de estas corrientes, pero que a la vez era diferente a todas ellas, pues proponía como meta el desarrollo del hombre en su conjunto, no sólo de la parte corporal sino también de la moral y de la intelectual.

La Gimnasia Escolar Austriaca contaba con cuatro tipos de ejercicios:

-Ejercicios de compensación: para mejorar las debilidades en la estructura corporal, equilibrando las fuerzas y la flexibilidad entre todas las zonas del cuerpo.

-Ejercicios formativos: para favorecer tanto las posibilidades de movimientos como la actitud. Trabajaban tanto movimientos y actitudes beneficiosas para el ámbito del trabajo, como para la vida cotidiana.

-Ejercicios de performance: para acrecentar la capacidad de rendimiento personal hasta el máximo nivel. En ellos destacan las excursiones, los juegos agonísticos, los ejercicios de defensa, la natación, las competiciones de carreras, de saltos, de lanzamientos o de levantamientos.

-Arte de movimientos: que consistía en canalizar los movimientos hacia lo bello y artístico, diferenciando entre acrobacias y danzas.

Estos tipos de ejercicios se combinaban en sesiones de 45 minutos, divididas en actividades vivificantes (8 minutos), parte central (30 minutos) y actividades para calmar el organismo (7 minutos).

La Gimnasia Escolar Austriaca alcanzó una gran expansión en toda Europa, pues los famosos Cursos de Perfeccionamiento de Maestros, organizados por Gaulhofer y Streicher, permitieron la difusión de sus ideas por toda Europa.

GIMNASIA ESCOLAR AUSTRIACA: DESARROLLO DEL SER HUMANO COMPLETO. PROPONE EJERCICIOS DE: COMPENSACIÓN, FORMACIÓN, RENDIMIENTO Y CARÁCTER ARTÍSTICO.

7.2. MOVIMIENTO DEL NORTE

7.2.1. Manifestación técnico-pedagógica

La tradicional Gimnasia Sueca va a sufrir notables influencias de otras corrientes gimnásticas, todo lo cual será conocido como Gimnasia Neo-Sueca.

BJÖRKSTEN: GIMNASIA FEMENINA. BUKH: GIMNASIA FUNDAMENTAL (MASCULINA). FALK Y CARLQUIST: GIMNASIA ESCOLAR.

7.2.1.1. Elli Björksten: gimnasia femenina

La primera gran renovadora de la gimnasia de Ling fue **Elli Björksten** (1870-1947), graduada en el Real Instituto Central de Gimnástica de Estocolmo y profesora de gimnasia femenina en el Instituto de Educación Física de Helsinki. Su obra es una reacción a la ortodoxia de la Gimnasia Sueca y, si bien hizo aportaciones al ámbito de la gimnasia escolar, sus mayores contribuciones se centraron en el campo de la gimnasia femenina.

Björksten reaccionó contra la gimnasia lingiana que se aplicaba por entonces en el ámbito femenino, sus críticas se centraban en la excesiva rigidez de los gestos y en el carácter militar de la misma. Su propuesta gimnástica buscaba satisfacer la necesidad de movimientos del cuerpo, desarrollando la buena postura y la movilidad junto con un adecuado nivel de fuerza y resistencia al trabajo. Todo ello mediante movimientos libres, armoniosos y bellos que vivificaran y fortalecieran no sólo al cuerpo sino al alma.

Las lecciones se dirigían hacia cuatro fines determinados. El primero de carácter fisiológico, que buscaba que todas las partes del cuerpo aumentaran la fuerza vital, la salud y la belleza. El segundo era morfológico y se centraban en la educación postural y en el desarrollo de la movilidad de las articulaciones. El tercero de los objetivos era de carácter estético y se centraba en la armonía de los gestos, pues ésta era sinónimo de belleza. Por último, sus lecciones tenían una finalidad psicológica, ya que consideraba que los ejercicios que se realizaban bajo la dirección de un profesor permitían una elevación de la vida psíquica mayor que la proporcionada por los movimientos libres y espontáneos; pues una persona pasiva podía dejar de hacer un gran número de esfuerzos necesarios para su desarrollo físico y mental.

Las sesiones de Björksten se dividían, invariantemente, en tres partes:

-Ejercicios preparatorios: de orden, fáciles de piernas y brazos, fáciles de tronco y cuello y ejercicios intensos de piernas (como saltos libres o marchas de diferentes tipos).

-Ejercicios morfológicos (si bien la autora aclara que le da este nombre por abreviación, pues en esta fase se trabajan ejercicios de todo tipo, no sólo los que perseguían fines morfológicos): flexiones y extensiones de tronco, suspensiones, diferentes tipos de marcha, equilibrios, ejercicios que desarrollan la musculatura de hombros, pecho, abdominales o espalda y, por supuesto, actividades de alta intensidad como carreras, juegos de pelota, juegos de carreras y saltos variados.

-Ejercicios calmantes: marchas calmantes y respiraciones profundas.

A nivel técnico sus contribuciones se centran en la introducción del ritmo en la ejecución de los ejercicios y la realización de los mismos con soltura.

En relación al ritmo, hay que destacar que utilizaba los golpes con las manos o los pies para marcarlo, ya fueran contra el propio suelo, la pared o una parte del cuerpo. Todo ello con la finalidad de superar la frialdad de los movimientos regulados, tan típicos de la Gimnasia Sueca.

En cuanto a la soltura, hay que aclarar que Björksten entendía que un movimiento era realizado con soltura cuando se ejecutaba con libertad y con un nivel adecuado de energía. Para ello propuso una técnica concreta, la oscilación, que, fundamentándose en la propuesta que al respecto hizo Bode, consistía en realizar los movimientos con una fase de aceleración seguida de otra de desaceleración y finalizando el recorrido completo del movimiento por inercia.

Además, en su búsqueda de belleza gestual, desechó los ejercicios que, aun teniendo valor formativo, no fueran estéticamente bellos, tratando siempre de dulcificar la gestualidad hierática de la Gimnasia Sueca. Incluso llegó a crear algunos movimientos específicos en favor de dicha belleza gestual, como los brazos en anillo o en arco.

Por último, a nivel metodológico, utilizó la música en sus sesiones, pero aclarando que era sólo un medio más a emplear, sin permitir que influyera negativamente en la esencia del contenido gimnástico. Además, desechó los comandos militares, pues coartaban el movimiento del alumnado, abogando por comandos que reflejaran el sentido pisco-físico de los ejercicios, variando el tono y los gestos corporales, para así inspirar a dicho alumnado.

7.2.1.2. Niels Bukh: Gimnasia Fundamental

El campo de la gimnasia masculina también tuvo a su revolucionario, en este caso encarnado por la figura del danés **Niels Bukh** (1880-1950), creador de la Gimnasia Fundamental, que supuso una reacción radical al dogmatismo lingiano.

Bukh se graduó en una de las Escuelas Populares Superiores Danesas, creadas para mejorar la cultura de los campesinos. Durante esos años de formación, a pesar de su complexión física débil, llegó a ser un buen gimnasta gracias a su fuerza de voluntad. Pronto empezó a enseñar gimnasia y a realizar exhibiciones, a la vez que seguía formándose de forma específica en este campo. En 1912, con motivo de los Juegos Olímpicos de Estocolmo, uno de sus equipos fue invitado al evento para realizar una demostración. Lo mismo sucedería un año después en el Congreso de Educación Física organizado en *La Sorbonne* (París). En ambos eventos cosechó un notable éxito y su nombre comenzó a ser famoso en los círculos gimnásticos europeos.

En 1914 decidió vivir de forma más tranquila y se instaló en Ollerup, donde trabajó en la Escuela Superior Popular de esta pequeña ciudad, creando dentro de la misma el Departamento de Educación Física. Es entonces cuando comienza a desarrollar su sistema gimnástico y cinco años más tarde, debido a la gran cantidad de alumnos que tenía, crea su propia escuela la *Gymnastikhoiskolen* de Ollerup. A partir de entonces se dedicará a perfeccionar su método y darle propaganda por el mundo entero, realizando exhibiciones y dictando conferencias.

La Gimnasia Fundamental tiene su origen en la Gimnasia Sueca, si bien Bukh criticó mucho a ésta última al considerar que limitaba las posibilidades de movimiento y tenía una extrema rigidez en sus planteamientos, tanto metodológicos como técnicos.

Bukh se inspiró en las actividades y formas de moverse de la juventud campesina danesa para crear un sistema gimnástico que buscaba el desarrollo de la flexibilidad, la fuerza y la agilidad. El trabajo de estas cualidades lo organizó en sesiones diarias, compuestas por cinco partes bien diferenciadas:

-Ejercicios en posición vertical para las extremidades, la espalda y la cintura.

-Ejercicios en posición vertical para el tronco.

-Ejercicios en posición arrodillada, sentada y acostada para el tronco.

-Ejercicios en espalderas para la espalda, los hombros, las abdominales y el resto de grupos musculares del tren superior.

-Ejercicios atléticos como marchas, carreras y saltos.

Una de las características más relevantes de esta gimnasia fue su gran dinamismo, los ejercicios se enlazaban unos con otros con rapidez, la posición final de un ejercicio servía de inicial para el siguiente, los comandos eran cortos y directos, incluso los ejercicios de orden se reducían al mínimo. El fin era aprovechar al máximo el tiempo de la sesión, reduciendo en lo posible cualquier periodo que no fuera de pura ejecución gimnástica.

También hay que destacar la importancia que los valores plásticos tuvieron en la gimnasia de Bukh. De hecho eran comunes los ejercicios de carácter espectacular e incluso acrobático, con el consiguiente riesgo que ello conllevaba para los practicantes.

Finalmente, hay que reseñar que en su afán renovador Bukh cometió algunos excesos, como la hipermovilización articular, el agotamiento cardiaco, los estiramientos excesivos y la tendencia hacia la acrobacia, todo lo cual le granjeó duras críticas.

7.2.1.3. Elin Falk y Maja Carlquist: gimnasia escolar

Si la gimnasia femenina y la masculina tuvieron sus respectivas figuras, la escolar también las tuvo. En este caso fueron dos, Elin Falk (1872-1942) y su discípula Maja Carlquist (1884-1968). La primera de ellas, tras graduarse en el Real Instituto Central de Gimnástica de Estocolmo y trabajar unos años como profesora, fue Inspectora de Educación Física de las Escuelas Primarias de Estocolmo. Era una mujer intelectualmente muy bien dotada, trabajadora y entusiasta, pero también autoritaria, lo que dificultó y coartó su trabajo con el profesorado de primaria.

Falk reaccionó contra la gimnasia lingiana por la rigidez de sus movimientos, el fuerte cariz militar que tenía (incluyendo sus voces de mando, absolutamente inadecuadas para la infancia), la falta de alegría y libertad, así como el exceso de ejercicios de orden.

A partir de estas críticas desarrollo una gimnasia adaptada a los escolares, cuyas características principales son las siguientes. En primer lugar, los ejercicios siempre se iniciaban desde posiciones iniciales bajas y aisladoras, pues había observado que las niñas aumentaban en exceso la lordosis lumbar para compensar el desequilibrio que le causaban los movimientos que se producían en muchos de los ejercicios.

En segundo lugar, apostó decididamente por el aspecto recreativo de las sesiones, introduciendo muchos juegos, ejercicios con formas de juegos y los famosos cuentos-ejercicios.

En tercer lugar defendió una mayor naturalidad de los movimientos, para lo cual redujo las estrictas y frías voces de mando y las adecuó a la mentalidad infantil, siendo más bien amistosas indicaciones que trataban de evitar que el alumnado se sintiera coartado. Así logró que dicho alumnado realizara movimientos más libres y naturales.

Por último, desarrollo una gran variedad de ejercicios para los pies (ejercicios de locomoción, con la cuerda de saltar,...), a los que consideraba de vital importancia por ser la base de sostén e impulsión del cuerpo.

El trabajo de Falk, de indudable importancia, en principio no tuvo una gran repercusión. Sin embargo, la labor realizada por **Maja Carlquist**, discípula suya y continuadora de su labor en el ámbito escolar (siguió sus teorías y propuestas, aunque introduciendo ideas propias), ayudó sobremanera a que su obra fuera conocida internacionalmente. Carlquist también graduada en el Real Instituto Central de Gimnástica de Estocolmo, fue profesora de Educación Física en la Escuela Sofía de esta ciudad.

La primera gran oportunidad que tuvo esta profesora para dar a conocer su trabajo, fue cuando se designó a su equipo de 20 niñas para efectuar unas demostraciones durante los Juegos Olímpicos de Berlín (1936) y representar a Suecia en el Congreso de Educación Física que se celebraría a raíz de este gran evento deportivo.

El éxito de este equipo fue notable y Carlquist decidió seguir con la dirección y entrenamiento de estas chicas, a las que se les bautizó como *Sofiaflickornas* (muchachas de Sofía). Sus actuaciones en las Lingiadas de 1939 y 1949 también contribuyeron a su fama, lo que les llevó a realizar exhibiciones por todo el mundo.

No obstante, es preciso destacar que el trabajo de Carlquist no se limitó a estos grupos de exhibición de alto nivel, también contó con grupos experimentales en la Escuela Sofía e incluso desarrolló una gimnasia higiénico-recreativa, especialmente orientada hacia las amas de casa.

Para Carlquist (citada por Langlade y De Langlade, 1970) la gimnasia era "un medio artificial para lograr un desarrollo completo del cuerpo como contrapeso a las actividades musculares unilaterales propias del trabajo diario y otros movimientos y posiciones habituales" (p. 221).

Una de sus novedosas aportaciones fue la creación de las sesiones temas, en las que, contrariamente al esquema habitual de sesión (donde se trabajaba la totalidad del cuerpo), se centraba de forma específica en una actividad o ejercicio concreto. Por ejemplo, dedicar una clase a aprender a trepar por el mástil.

Sin embargo, su contribución más relevante fue el concepto de tensión. Ella defendía que para lograr que movimientos artificiales se realizaran con naturalidad, era fundamental trabajar los estiramientos de forma efectiva. Para ello, dichos estiramientos debían realizarse lentamente para que los músculos antagonistas no entraran en actividad y se debía evitar mantener mucho tiempo la posición de tensión extrema, para evitar posibles lesiones.

Por último, destacar la importancia que para Carlquist siempre tuvo la actitud, pues defendía que para que los ejercicios fueran estéticos y se realizaran correctamente, era fundamental que el gimnasta tuviera una actitud positiva.

7.2.2. Manifestación científica

Esta manifestación queda representada por el médico danés **Johannes Lindhard** (1870-1947), que trabajó inicialmente en el Instituto de Gimnasia Médica de Copenhague, impartiendo anatomía y fisiología, posteriormente fue nombrado director del Laboratorio de Fisiología de la Gimnasia y, al final de su vida, Director del Instituto de Gimnasia Médica antes referido.

Fue un gran investigador, destacando en el estudio de la fisiología de la respiración y de la circulación sanguínea. Además tuvo un destacado papel en el reconocimiento de la gimnasia en el ámbito científico y universitario, de hecho su labor científica fue fundamental para que la Sociedad Pedagógica solicitara que la gimnasia fuera declarada rama accesoria para los exámenes de profesor universitario agregado, lo que se aprobó en 1908.

Para Lindhard era fundamental que la teoría de la gimnasia se basara en la ciencia, principalmente en la fisiología, lo que le llevó a criticar al mundo puramente gimnástico (representado por la Gimnasia Sueca y los autores de la manifestación técnico-pedagógica) por falta de cientificidad. Estas críticas fueron extremadamente agresivas y destructivas, lo que le granjeó numerosas críticas.

Posiblemente, si hubiera dominado su prepotencia y sus agrias críticas, sus grandes aportaciones en el campo de la fisiología hubieran sido mejor y más rápidamente aceptadas.

LINDHARD FUE UN GRAN FISIÓLOGO. MUY CRÍTICO CON LA FALTA DE CIENTIFISMO DE LOS PROFESORES DE GIMNASIA.

7.2.3. Eclecticismo

El Mayor **Josef Gottfrid Thulin** (1875-1965) representa el nexo de unión entre las dos manifestaciones anteriores. Durante los primeros años de su vida como militar solía organizar juegos y deportes para los soldados de su regimiento. En 1899 se graduó en el Real Instituto Central de Gimnástica de Estocolmo y fue extendiendo sus propuestas gimnásticas hasta llegar a toda la división militar del sur de Suecia.

Thulin destacó sobremanera como dirigente, de hecho fue impulsor de los Juegos Bálticos de 1914, miembro del Comité de la Federación Deportiva Militar de Suecia, miembro de la Dirección General de la Federación Sueca de Deporte y Gimnasia, Presidente de la Federación de Gimnasia de los Países Nórdicos y de la Federación Internacional de Gimnasia de Ling, hoy día conocida como Federación Internacional de Educación Física (FIEP). A toda esta actividad pública, hay que sumar que fue el gran artífice de la creación del Instituto de Gimnasia de Lund (sur de Suecia), pues pensaba que para que esta disciplina llegara a todos los ciudadanos era preciso un mayor número de profesores.

A nivel práctico sus contribuciones se centraron, en primer lugar, en dotar a la gimnasia de argumentos científicos que la sustentasen. Para ello aplicó hechos científicamente demostrados al ámbito puramente gimnástico, divulgándolos bajo un formato accesible para los profesores de gimnasia.

En segundo lugar desarrollo una terminología gimnástica que unificaba la utilización de conceptos en este campo y que incluso hoy día sigue teniendo vigencia.

En tercer lugar, en el campo de la gimnasia escolar, se le considera como uno de los creadores de los cuentos ejercicios y de los ejercicios juegos. Además, dentro de este campo, defendía que los ejercicios siempre tuvieran efectos globales, que los comandos estuvieran adaptados a la infancia y que el profesorado interviniera activamente en las clases, como forma de motivar a su alumnado.

Por último, en cuarto lugar, hay que destacar su gran labor literaria, ya que fue un prolífico autor que incluso escribió varias obras en idiomas diferentes al suyo propio. Todo ello contribuyó sobremanera a la transmisión de sus ideas por todo el mundo y, por ende, a la difusión del fenómeno gimnástico.

THULIN ACERCÓ LA CIENCIA AL MUNDO GIMNÁSTICO Y REALIZÓ NOTABLES CONTRIBUCIONES COMO DIRIGENTE Y COMO PROFESOR. DESTACAR LA INTERNACIONALIZACIÓN DE SUS OBRAS.

7.3. MOVIMIENTO DEL OESTE

7.3.1. Manifestación científica

Este movimiento se inicia algunos años antes que el resto, se podría tomar como fecha orientativa 1890. Las razones que determinan su aparición se encuentran en el deterioro de la Gimnasia Amorosiana, la aparición de una fuerte corriente sueca en territorio francés, como consecuencia de la Lucha de las Barras, y la eclosión del deporte inglés.

La mayoría de científicos franceses optaron por la Gimnasia Sueca como modelo alternativo al criticado Amorós. Posiblemente, el valor higiénico de esta gimnasia y su fundamento anatómico y fisiológico, influyeron notablemente a favor de que la corriente sueca se impusiera dentro de la comunidad científica.

Todos los autores de esta manifestación contribuyeron a elevar el nivel científico de la gimnasia, ayudando a mejorar su consideración como disciplina. De forma muy sintética, pues sus aportaciones se circunscribieron exclusivamente al contexto francés, diré que **Esteban Marey** (1830-1904) se dedicó principalmente al estudio del movimiento, creando métodos de estudio gráfico y el famoso cronofotógrafo. Por su parte, **Fernand Lagrange** (1845-1909), se dedicó a investigar y, posteriormente, divulgar los positivos efectos higiénicos y fisiológicos de los ejercicios físicos. Por último, Tissié (1852-1935), conocido como el "Ling francés", se dedicó a divulgar la Gimnasia Sueca en Francia.

LOS CIENTÍFICOS FRANCESES DEFENDIERON EL MODELO SUECO Y CONTRIBUYERON A ELEVAR EL NIVEL CIENTÍFICO DE LA GIMNASIA.

7.3.2. Eclecticismo: La escuela Francesa

Georges Demeny (1850-1917) discípulo de Marey y creador de La Escuela Francesa de Gimnasia, fue un asiduo practicante de esta disciplina y logró una amplia formación en matemáticas y fisiología. Trabajó en la Estación Fisiológica de Marey y, posteriormente, ocupó la cátedra de Fisiología Aplicada en la Escuela de Joinville-le-Pont.

Hay que destacar que, a pesar de su formación científica, no sólo realizó contribuciones en ese campo, también en el ámbito puramente pedagógico.

A nivel científico fue un defensor de la aplicación de las ciencias biológicas en el terreno de la gimnástica. Por ejemplo, estudió el movimiento humano desde este prisma científico, mejorando incluso el cronofotógrafo de Marey. Además, desarrollo numerosas técnicas para medir los cambios morfológicos que provocaba en el cuerpo humano la práctica continuada de la gimnasia.

En el ámbito pedagógico criticó a la defendida Gimnasia Sueca, proponiendo la que sería conocida como La Escuela Francesa, cuyas características fundamentales eran las siguientes:

-El movimiento debía ser completo, es decir, había que dar la máxima amplitud articular a los mismos y utilizar direcciones variadas.

-El movimiento debía ser continuo y natural, evitándose los cambios bruscos de dirección. Para ello proponía que los movimientos fueran redondeados, de forma que cuando cambiaran de dirección se evitaran los ángulos pronunciados mediante curvas redondeadas.

-Los movimientos debían realizarse respetando la independencia de contracciones musculares, de forma que no se produjeran contracciones innecesarias. Así se reducía la fatiga y se lograba un mayor progreso.

Los efectos que, según Demeny, producía esta gimnasia eran cuatro: higiénico (mejora de la salud), estético (movimientos bellos), económico (reducción del gasto energético por educación de los movimientos) y moral (acrecentamiento de la virilidad).

Para ello proponía un modelo de sesión compuesto por siete series. La primera se componía de marchas y ejercicios de orden. La segunda de movimientos de las extremidades superiores e inferiores, equilibrios, lanzamientos y luchas. La tercera contenía suspensiones y apoyos sobre las manos. La cuarta carreras y danzas. La quinta movimientos del tronco, flexiones, extensiones y torsiones. La sexta se centraba en diferentes tipos de saltos. Finalmente, la séptima fase proponía ejercicios respiratorios y marchas lentas.

Todas estas contribuciones de Demeny tuvieron vigencia en la órbita francesa durante su vida, en especial en el ámbito de la gimnasia femenina, pues su propuesta de movimientos redondeados y la inclusión de la danza como parte de sus sesiones, fueron muy bien aceptadas por las féminas, que tradicionalmente se veían obligadas a practicar una gimnasia de clara orientación masculina.

DEMENY REALIZÓ APORTACIONES EN EL CAMPO CIENTÍFICO Y TAMBIÉN EN EL TÉCNICO, DESTACANDO COMO CREADOR DE LA ESCUELA FRANCESA DE GIMNASIA.

7.3.3. Manifestación técnico-pedagógica: El método natural

Georges Hébert (1875-1957) es la figura indiscutible del Movimiento del Oeste. Oficial de la Marina, navegó por todo el mundo, pudiendo estudiar las costumbres de los pueblos primitivos y salvajes que conoció en sus periplos y quedando impresionado por las habilidades físicas y las cualidades viriles de éstos.

A partir de 1905 estuvo encargado de la preparación física de la Escuela de Fusileros Navales de Lorient, con ellos comenzó a esbozar su Método Natural. En 1913, con motivo del Congreso Internacional de Educación Física realizado en *La Sorbonne* (París), dio a conocer su método, que fue recibido con entusiasmo por parte de las autoridades francesas. Hasta tal punto llegó su éxito, que dichas autoridades y algunos prohombres de la sociedad francesa, impulsaron la creación del Colegio de Atletas en Reims, que fue dirigido desde su apertura por Hébert. En este centro se formaba a profesores de Educación Física bajo los principios del Método Natural.

Durante la I Guerra Mundial la escuela quedó totalmente destruida, por lo que Hébert abrió un nuevo establecimiento en Deauville, llamado La Palestra. Esta escuela se definió como femenina desde sus inicios, estando dirigida por su esposa, concentrándose él en la labor de adaptar el Método Natural a la Educación Física femenina. Años más tarde abrió otra escuela femenina, en este caso de carácter náutico, a bordo de la goleta Alcyon.

La II Guerra Mundial destruyó su escuela de Deauville, a pesar de ello Hébert siguió con su labor formativa hasta su muerte, siendo siempre fiel a los principios de su Método Natural.

Este método, como su propio autor afirmaba, era una reacción contra la artificiosidad y el carácter analítico de la Gimnasia Sueca de la época, insuficientemente conocida, mal comprendida y peor aplicada. Hébert trató de volver a los inicios de la Educación Física, leyendo e inspirándose en Rousseau y en Amorós. También fueron muy relevantes para él los trabajos de Demeny y, por supuesto, las observaciones que sobre los pueblos primitivos realizó durante sus viajes.

Todas estas influencias son claramente palpables en el Método Natural, al cual definió como: "Acción metódica, progresiva y continua, desde la infancia a la edad adulta, teniendo por objeto asegurar un desarrollo físico integral; acrecentar la resistencia orgánica; poner de manifiesto las aptitudes en todos los géneros de ejercicios naturales y utilitarios indispensables (marcha, carrera, salto, cuatro pies, trepar, equilibrismo, lanzar, levantar, defensa, natación); desarrollar la energía y todas las otras cualidades de acción o viriles; en fin, subordinar todo lo adquirido, físico y viril, a una idea moral dominante: el altruismo" (Langlade y De Langlade, 1970, p. 272).

Hébert defendía los ejercicios físicos naturales y globales, de carácter utilitario y practicados en plena naturaleza. Afirmaba que el hombre primitivo perfeccionaba sus aptitudes diariamente en su entorno, logrando desarrollarlas al máximo gracias a las múltiples actividades que realizaba (locomociones variadas, luchas múltiples, lanzamientos, construcciones, transportes, elevaciones, danzas, juegos acrobáticos,...). Sin embargo, el hombre civilizado no tenía esa posibilidad por las características propias de la vida moderna (trabajos especializados, vivir en grandes ciudades, falta de tiempo y de espacio adecuado). En este contexto, la gimnasia debía ofrecer esa posibilidad de desarrollo y perfeccionamiento, no olvidando su parte moral, que para Hébert era de suma importancia, pues buscaba un desarrollo integral de la persona.

Los ejercicios que se utilizaban en el Método Natural eran de diez tipos diferentes: marcha, carrera, salto, cuatro pies, trepar, equilibrismo, lanzamiento, levantar, defensa y natación. A ellos se añadían como complemento las actividades de utilidad particular para el individuo, como montar a caballo o en bicicleta, y las de simple recreación, como las danzas, los juegos y los deportes.

Estos ejercicios se articulaban en un modelo de sesión que no era más que un recorrido en plena naturaleza donde se corría, saltaba, nadaba, lanzaba... Sin embargo, cuando no era posible organizar el itinerario en un entorno natural, Hébert proponía como alternativa un espacio específico al que denominó *Plateau*, que no era más que una superficie rectangular de longitud variable que contaba con los materiales necesarios para la realización de los ejercicios (saltaderos, pistas de carreras, cuerdas colgantes,...).

Las sesiones se organizaban a partir de una sucesión de periodos de trabajo denominados *bonds*. Algunos de éstos eran de intensidad creciente y otros de intensidad decreciente (éstos últimos servían como recuperaciones relativas pero necesarias para el organismo). Entre cada bond existía un pequeño periodo de tránsito denominado *contre-bond*, donde el sujeto recuperaba energías mediante marchas a ritmo lento.

En concreto, el esquema de sesión era el siguiente:

-Desentumecimiento: carrera con súbitos cambios de intensidad de corta duración.

-Primer periodo de alta intensidad conformado por ejercicios de progresión en cuadrupedias.

-Primer periodo de calma relativa, donde se realizan ejercicios de trepas, relacionados directamente con la fuerza muscular.

-Segundo periodo de alta intensidad, a partir de ejercicios donde predominaban los saltos.

-Segundo periodo de calma relativa, más acusado que el primero, donde se practican equilibrios y lanzamientos.

-Tercer y último periodo de intensidad creciente, que incluía levantamientos, ejercicios de defensa y, finalmente, carreras sobre un recorrido cronometrado.

-Último periodo, caracterizado por la marcha lenta y calmante, acompañada de profundas respiraciones.

Desde un punto de vista metodológico, Hébert dividía a su alumnado por grupos de nivel, cada uno de ellos con un conductor como responsable. Los grupos comenzaban el recorrido natural dejando suficiente espacio con el conjunto anterior, para que no se molestaran ni se mezclaran.

Cuando la sesión se llevaba a cabo en el *Plateau*, los grupos también se separaban convenientemente, realizando idas y venidas continuas en esta superficie rectangular. Las idas se realizaban por dentro del *Plateau* y era cuando se ejecutaban los diferentes *bonds*, las vueltas eran por las líneas laterales, realizando una marcha suave (*contre-bonds*).

Por último, destacar que el Método Natural fue internacionalmente conocido y evaluado muy positivamente por profesores y pedagogos de muchos países, todo lo cual favoreció su extensión más allá de las fronteras francesas.

EL MÉTODO NATURAL SUPONE UNA REVOLUCIÓN, ES UN CANTO A LA VIDA, AL AIRE LIBRE Y A LOS EJERCICIOS NATURALES Y UTILITARIOS.

7.4. CONSECUENCIAS DE LOS MOVIMIENTOS GIMNÁSTICOS

Finalmente, presentaré a modo de sucinto corolario las principales consecuencias que hoy día han dejado los movimientos gimnásticos.

En relación al Movimiento del Centro en su manifestación artística, hay que destacar la extensión de la Gimnasia Moderna al ámbito masculino, la aparición de una modalidad deportiva concreta, la Gimnasia Rítmica, y la evolución gimnástica de los trabajos de Medau, que han desembocado en la llamada Gimnasia Orgánica.

En cuanto a la Gimnasia Escolar Austriaca, hay que destacar que ésta, junto con el Método Natural de Hébert, son la base de lo que hoy día es la Educación Física en España. Los movimientos básicos que proponen, el trabajo de habilidades y destrezas, la utilización de los juegos y el concepto de salud que defienden, están todos ellos claramente recogidos en las leyes educativas de finales del siglo XX y principios del XXI.

Sin abandonar la órbita alemana, hay que destacar la gran evolución que durante más de 100 años tuvo el *Turnkunst* de Jahn, que terminó desembocado en una modalidad deportiva muy específica: la Gimnasia Artística, antiguamente conocida como deportiva.

Del Movimiento del Norte, subrayar la evolución de la Gimnasia Neo-Sueca hacia nuevas formas como el Gym-Jazz, creado por Monica Beckman en 1963, o el Aerobic, ideado por Cooper en 1968. También son de indudable influencia sueca muchas de las actividades que se practican hoy día en gimnasios, como el *Rowing* o el *Spinning*, pues no son más que una sucesión continuada de ejercicios de carácter analítico que se realizan al ritmo que marca la música. Además, es inestimable la contribución sueca al desarrollo de la gimnasia correctiva, tan utilizada en el ámbito médico y fisioterápico.

Por último, en relación al Movimiento del Oeste y habiendo indicado ya la gran relevancia del Método Natural, hay que destacar que la línea cientifista de este movimiento ha orientado a la Educación Física hacia el ámbito científico, abogando por una estructura metódica de la materia, que huya de los falsos dogmas y se fundamente en los descubrimientos científicos. En este campo destacan Seurin y su Educación Física Metódica, así como Picq y Vayer, que comienzan a desarrollar la Psicomotricidad, y Jean le Boulch con su Método Psicocinético.

BIBLIOGRAFÍA

Gutiérrez Salgado, C. (1970). *Apuntes inéditos de sistemas y escuelas de gimnasia*. Madrid: INEF.

Langlade, A. y De Langlade, N. (1986). *Teoría general de la gimnasia*. Buenos Aires: Stadium.

Capítulo 8
EL NACIMIENTO DEL DEPORTE CONTEMPORÁNEO

El deporte tiene, sin duda, una enorme trascendencia en la actualidad. Su repercusión social, mediática, económica y política lo hace ser uno de los fenómenos más exclusivos de la sociedad postmoderna en la que vivimos.

Sin embargo, la historia del deporte contemporáneo es relativamente corta, pues sus primeros pasos se sitúan en el siglo XIX. ¿Cómo un fenómeno tan reciente ha podido llegar a tener una repercusión tan importante a nivel planetario?

En este capítulo abordaré los orígenes del deporte, así como las condiciones sociales y políticas que favorecieron su rápida difusión por todo el mundo. Como es habitual, os presento un esquema con los contenidos fundamentales del capítulo:

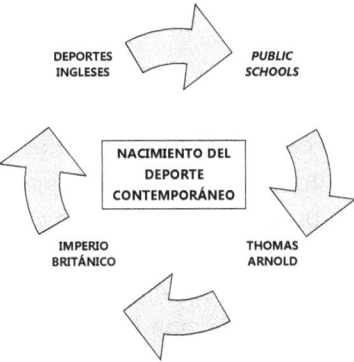

Figura 9: Contenidos del Capítulo 8.

8.1. ANTECEDENTES DEL DEPORTE CONTEMPORÁNEO

El deporte contemporáneo tiene su cuna en Inglaterra, siendo, simplemente, una evolución de los juegos rurales de este país. Como bien es sabido, todas las sociedades de todas las épocas han desarrollado una serie de actividades físicas de carácter lúdico que, según algunos autores, pueden ser reconocidas plenamente como deportes. No obstante, el deporte tal y como hoy lo conocemos tiene una serie de características propias y, en su conjunto, diferenciadoras con respecto a otros deportes propios de sociedades pretéritas (Grecia Clásica, Roma, Edad Media,...). Muchas de estas características, como las apuestas, la búsqueda del récord, la profesionalización, el entrenamiento continuado, el doping, los hándicaps,... comenzaron a vislumbrarse a lo largo de los siglos XVII y XVIII en las islas Británicas, concretamente en algunas de las actividades físico-lúdicas que practicaban.

Las actividades pioneras que comenzaron a fraguar lo que en el futuro sería el deporte contemporáneo, fueron la caza del zorro, las carreras de caballos, las carreras pedestres y el boxeo.

La caza del zorro era el más genuino pasatiempo nobiliario, que llegó a tener un alto grado de especialización. Describen Elias y Dunning (1992) que, cuando los señores cazaban al zorro, tenían sumo cuidado en no cazar a otro animal que se les presentara, lo cual era sumamente insólito para los extranjeros, pues no salían de caza para lograr una buena presa de la que dar cuenta en la mesa, sino que lo hacían por diversión, por deporte. Por tanto, nos encontramos ante una actividad lúdica pero también competitiva, no sólo contra el zorro, al que le iba la vida en ello, sino contra el resto de cazadores. El objetivo era cazar a la presa superando a sus rivales, no había ningún interés por el carácter puramente utilitario que tenía la caza.

En cuanto a las carreras de caballo, en Inglaterra existía una gran tradición al respecto, de hecho desde el siglo XVI se tienen referencias de carreras que se llevaban a cabo con cierta regularidad. Ya en el siglo XVIII existía un calendario de carreras (Newmarket,

Ascot, Epsom, Doncaster,...), agentes y corredores oficiales de apuestas, entrenadores de caballos, jinetes profesionales, incluso un mercado de sustancias dopantes para los equinos (Salvador, 2004). Por tanto, esta actividad contaba con todos los ingredientes que hoy día podemos encontrar en cualquier modalidad deportiva.

Por otro lado, estaban las carreras pedestres, que aún siendo menos relevantes que las de caballos, tuvieron también cierta repercusión. Su origen se sitúa en las hazañas de algunos sirvientes que hacían de correo para sus señores, como por ejemplo el famoso irlandés Langham que corrío 148 millas en 42 horas para traer una medicina a su señora (Mandell, 2006). A partir de proezas como ésta, comenzaron a organizarse carreras por toda la geografía inglesa. Estas carreras eran siempre sobre largas distancias, siendo la resistencia la capacidad física fundamental de los participantes. A veces se introducían hándicaps para mantener la emoción del evento, de forma que se daba cierta ventaja al corredor que se consideraba inferior.

Bien es cierto que los corredores eran inicialmente sirvientes, los nobles se dedicaban a cruzar apuestas entre ellos. Sin embargo, a finales del siglo XVIII, también los nobles, burgueses y militares comenzaron a participar en estas carreras. Las motivaciones que llevaron a las clases dirigentes a participar en estas carreras fueron dos: demostrar su afán de superación y, sobretodo, buscar la hazaña que les granjeara el respeto y la consideración por parte de sus iguales.

En relación a las carreras, ya fueran de caballos o *footmen*, es importante destacar la aparición de una serie de modalidades directamente vinculadas con la búsqueda del récord, en la que el corredor o el jinete con su caballo luchaba por recorrer una distancia en el menor tiempo posible, o por recorrer la mayor distancia en un tiempo determinado. Los rivales ya no eran los otros corredores o jinetes, sino el cronómetro. Todo ello trajo aparejado la progresiva estandarización, tanto de distancias como de mecanismos de cronometraje (se desarrollaron relojes que medían hasta la quinta parte de un segundo), así como una enorme difusión de las marcas conseguidas, pues ya no se trataba de ser el vencedor de una carrera u otra, sino de ser el más rápido de todos en una distancia concreta.

Finalmente, en relación a las actividades que especialmente contribuyeron al nacimiento del deporte contemporáneo, se encuentra el boxeo, cuyas características originarias guardan gran similitud con el boxeo actual y con otras modalidades deportivas de hoy día. El boxeo sustituyó en Gran Bretaña a los duelos, que tan comunes eran en la Europa de los siglos XVII y XVIII, y rápidamente caló en la sociedad británica, pues dos *gentlemen* podían arreglar sus diferencias sin que una espada o una bala acabara atravesando a uno de ellos. La actividad comenzó a reglamentarse, incluso comenzaron a construirse cuadriláteros por doquier, muchos de los cuales contaban con gradas para los espectadores. Aparecieron campeones famosos como James Figg y Jack Broughton, el primero de ellos, tras colgar los guantes, se convirtió en manager de boxeadores y empresario deportivo, organizando veladas de boxeo por toda la geografía inglesa.

Hay que destacar que las carreras de caballo, las pedestres y el boxeo contaban con un denominador común que ayudó sobremanera a su difusión y arraigo en la sociedad inglesa de la época: las apuestas. En estas competiciones el público cruzaba innumerables apuestas, los más ricos incluso se jugaban cuantiosas fortunas. Como afirma Mandell (2006) apostar no era algo nuevo para los ingleses, pero la evolución que este fenómenos tuvo en la época preindustrial es algo sin precedentes. Todo ello influyó también en otros aspectos: la búsqueda de reglamentación, la profesionalización de estas prácticas, el entrenamiento de los participantes, la aparición de nuevos retos contra el tiempo…Ya no eran simples actividades físicas de carácter lúdico, en algunos casos había personas que se jugaban hasta el último centavo y no era cosa de dejarlo todo a expensas de las ganas de correr que tuviera ese día el caballo o el *footmen*.

Éstas y otras actividades, que no he destacado porque inicialmente no tuvieron tanta repercusión, fueron desarrollándose en base a las características descritas, tan propias del deporte contemporáneo. Sin embargo, no será hasta la segunda mitad del siglo XIX cuando evolucionen definitivamente al nivel de modalidades deportivas.

> LOS DEPORTES INGLESES SON LA SEMILLA DEL DEPORTE CONTEMPORÁNEO.

8.2. *PUBLIC SCHOOLS.* LA ESCUELA DE RUGBY

En el siglo XIX la sociedad inglesa se fue transformando al ritmo que marcaba la Revolución Industrial. El constante dinamismo que vivió afectó también al deporte, que fue transformándose en la misma medida que lo hacia la sociedad (aparecieron reglamentos, competiciones nacionales y nuevas modalidades deportivas). Así, importantes dosis de racionalización, regulación, dispersión y exactitud se integraron en el deporte y éste, a su vez, fue componiéndose poco a poco en la vida diaria y en la cultura inglesa. Como afirma Mandell (2006) su evolución fue tan espontánea y armoniosa con los tiempos, que apenas fue percibida como algo insólito.

Sin embargo, aunque era patente la evolución que las antiguas actividades físico-recreativas habían sufrido (de hecho muchas de ellas eran conocidas como deportes y contaban con un cierto nivel de reglamentación, con un calendario de competiciones y con un número respetable de practicantes), todavía no se había producido la verdadera eclosión del fenómeno deportivo inglés.

En esta eclosión tuvieron un papel fundamental las *public schools*, que se ubicaban en zonas rurales teniendo amplias praderas a su alrededor. Estas escuelas de élite, a diferencia de otros países europeos, estaban abiertas a cualquier persona que contara con los caudales necesarios para costear la elevada matrícula y la manutención, pues funcionaban en régimen de internado. Por tanto, no sólo los nobles, sino los hijos de ricos comerciantes e industriales conformaban el alumnado de estos colegios.

Las *public schools* contaban con un rígido sistema disciplinario en las aulas, pero fuera de las clases el profesorado solía ser permisivo, de forma que los chicos tenían sus propias normas de gobierno y la ley del más fuerte se imponía. En este contexto, los más jóvenes y los más débiles de carácter eran dominados, explotados y, en muchos casos, vejados por sus compañeros. Muchas vidas fueron destrozadas así, pero también se forjaron muchos caracteres fuertes, de líderes natos.

En este contexto es donde irrumpió la figura de Thomas Arnold (1795-1842), nombrado en 1828 *Head Master* de la escuela de *Rugby* (situada al suroeste de Birmingham) cargo que ostentó hasta su prematura muerte. Preocupado por la molicie y el gamberrismo que en muchos casos dominaban los amplios periodos de ocio de los escolares, se propuso dar un giro radical al respecto. Tal y como describe Salvador (2004), Arnold se dio cuenta del potencial educativo que tenían los deportes y los utilizó como piedra angular del tiempo de asueto de sus estudiantes.

Hay que destacar que su idea más extraordinaria no fue la anterior, sino el confiar al alumnado la reglamentación de los deportes, los sistemas de competición, la definición de los terrenos de juego e incluso la dirección de las asociaciones deportivas. Éste es un aspecto de enorme trascendencia, porque esta autonomía y confianza depositada en el alumnado favoreció el sentido de la responsabilidad y el sometimiento a las normas que ellos mismos habían planteado y aprobado. De tal forma que el respeto al reglamento y al adversario, el juego limpio y, en definitiva, el famoso *fair play* tiene su origen en este nivel de responsabilidad desarrollado por el alumnado con respecto a las normas que ellos mismos establecieron.

Ni que decir tiene que el experimento funcionó y los comportamientos sociales de su alumnado mejoraron a la par que su físico. Arnold, entusiasmado por el éxito de su propuesta, fue dando paulatinamente más importancia al deporte dentro del horario escolar, hasta el punto de que tres medias jornadas semanales del horario lectivo eran dedicadas exclusivamente a la práctica deportiva. Todo ello sin contar con el tiempo que sus estudiantes dedicaban a entrenamientos y competiciones fuera del horario de clases.

Los resultados que a nivel educativo estaban logrando las ideas de Arnold, pronto le hicieron famoso y sus experiencias fueron copiadas por otras escuelas como *Eton, Harrow, Westminter* o *Charterhouse*. No sólo el profesorado y el alumnado veían estas novedosas ideas como positivas, incluso los padres creían que estas prácticas eran una forma magnífica de formar a hombres preparados para la vida en sociedad.

La difusión de estos deportes fue fulgurante, pues la organización de los colegios y universidades inglesas en régimen de internado favoreció sobremanera estas prácticas. Inicialmente, los enfrentamientos deportivos eran entre los equipos de una misma escuela, pero con la extensión del fenómenos deportivo rápidamente surgió la posibilidad de enfrentar a los equipos de diferentes escuelas o universidades. Como afirma Salvador (2004), esta extensión del deporte en base a competiciones inter-centros dio un vuelo definitivo al deporte y permitió la necesaria unificación de reglamentos, para que en todas las escuelas y universidades se jugara de la misma forma.

Pronto los campeonatos deportivos, que anualmente se organizaban, tuvieron una gran repercusión social y mediática, siendo paradigmático el caso de la competición de remo que enfrenta a Oxford y Cambridge desde 1836.

8.3. GENERALIZACIÓN DEL FENÓMENO DEPORTIVO

El modelo educativo y ciertamente revolucionario propugnado por Arnold, que rápidamente se extendió por el resto de escuelas e incluso por las universidades, era bien visto por la clase alta y por el gobierno británico. En este último caso, su complacencia no sólo se basaba en el apoyo que estos deportes estaban recibiendo por parte de nobles, burgueses e industriales, sino porque en poco tiempo los escolares ingleses habían pasado a tener entre cuatro y cinco horas diarias dedicadas al ejercicio (principalmente entrenamientos y competiciones deportivas), lo cual redundaba positivamente en su adiestramiento físico. Ello era muy valorado por los dirigentes, sobretodo en un periodo en el que el Imperio Británico estaban en plena fase de expansión (Mandell, 2006).

Los oficiales egresados de sus elitistas y deportivos colegios, tenían capacidad de liderazgo, eran competitivos, sabían trabajar en equipo, eran disciplinados con sus superiores, estaban acostumbrados al esfuerzo físico e incluso a los golpes, lesiones y demás eventualidades propias del deporte. Todo ello les hacía idóneos para comandar a las tropas inglesas en las numerosas colonias que tantas riquezas traían al Imperio.

Como expone Salvador (2004), los oficiales ingleses, ya estuvieran en Bombay o en Nueva Zelanda, solían organizar partidos de sus deportes favoritos. Los soldados y sirvientes les servían como auxiliares, árbitros o simplemente para rellenar el número de jugadores de un equipo. Los colonizados solían asistir como meros espectadores, pero con el tiempo y bajo el dominio de la cultura inglesa, acabaron entusiasmándose con estas nuevas prácticas.

Pero no sólo el ámbito castrense fue el responsable de esta extensión del deporte contemporáneo, en las *public schools* también se formaron los políticos, industriales, ingenieros, empresarios,...que serían referentes de sus respectivas parcelas dentro de todo el Imperio Británico. Así, por ejemplo, es de sobra conocido que el fútbol llegó a las Minas de Río Tinto (Huelva) a partir de los partidos que jugaban en estas explotaciones de propiedad inglesa los ingenieros y el resto del personal proveniente de este país. Poco después los partidos empezaron a enfrentar a equipos de mineros españoles con los de estos ingleses y, de esa forma, este deporte comenzó a extenderse por la geografía peninsular.

Llegados a este punto, tengo que subrayar dos características propias de la sociedad británica de finales del siglo XIX y principios del XX que fueron esenciales para la difusión planetaria del deporte. Por un lado, su creencia de que el deporte que se practicaba en las escuelas y universidades era el responsable del carácter de liderazgo de su clase dirigente, por lo que era una parte esencial de la formación que otorgaban a los jóvenes de la clase alta. Por otro lado, el mantenimiento a ultranza de sus tradiciones allá donde fueran, de forma que igual que tomaban té en Australia o en Gibraltar, también practicaban sus deportes.

Por tanto, como conclusión, es importante afirmar que los británicos no tuvieron inicialmente la intención de difundir sus deportes, ello ocurrió como consecuencia lógica de su política colonialista y su fe en el deporte, como parte de la formación del dirigente y como parte de su cultura.

8.4. COROLARIO SOBRE THOMAS ARNOLD

Arnold no creó un sistema gimnástico, como Ling o Amorós, ni siquiera fue un profesor de Educación Física. Además, sería erróneo afirmar que fuera el creador del deporte contemporáneo, pues muchas de estas prácticas ya existían e iban evolucionando por sí mismas por toda Gran Bretaña.

Sin embargo, a pesar de lo anteriormente expuesto, el papel de Arnold en el devenir del deporte y la Educación Física contemporáneos fue clave. Su gran y genuina aportación fue utilizar a los deportes como elementos centrales del tiempo de ocio de sus estudiantes, permitiendo que ellos mismos fueran los gestores de estas prácticas. De tal forma que el profesorado sólo ejercía una vigilancia distante, siendo el alumnado el que determinaba las reglas de los deportes, las competiciones, los entrenamientos, los equipos,... Todo ello creó un clima de camaradería y lealtad entre el alumnado, de respeto a las normas que ellos mismos habían aprobado y de repulsa ante el que hacía trampas o mentía.

Como afirma Salvador (2004), Arnold defendió la idea de que para formar a una juventud moralmente sana, no había mejor medio que los deportes, pues en estas prácticas se representan, en menor escala, la sociedad de la que forman parte.

BIBLIOGRAFÍA

Elias, N. y Dunning, E. (1992). *Deporte y ocio en el proceso de civilización*. Madrid: F.C.E.

Mandell, R. (2006). *Historia Cultural del Deporte*. Barcelona: Ediciones Bellaterra.

Rivero, A. (2005). *Deporte y Modernización*. Sevilla: Wanceulen Editorial Deportiva.

Salvador, J.L. (2004). *El deporte en occidente. Historia, cultura y política*. Madrid: Ediciones Cátedra.

Capítulo 9
LOS JUEGOS OLÍMPICOS MODERNOS

Los Juegos Olímpicos constituyen la mayor manifestación del deporte espectáculo en nuestros días. No sólo porque en ellos se reúnen la flor y nata de los deportistas de cada país, sino porque atraen a millones de espectadores en todo el mundo. En ellos entran en juego no sólo aspectos meramente deportivos, sino políticos e incluso económicos.

No haré una redacción pormenorizada de los hitos logrados por los deportistas en cada Olimpiada, ni siquiera hablaré de todas ellas. Para ahondar en esos contenidos podéis consultar la bibliografía. Mi objetivo es exponeros el origen de estos Juegos, el contexto en el que se fraguaron las primeras ediciones y la explosión de los mismos como el evento deportivo por excelencia. Asimismo, de acuerdo con la consideración del deporte como una manifestación social de gran importancia, también abordaré algunos condicionantes políticos, económicos y sociales que influyeron y que, en algunos casos, no sólo siguen haciéndolo sino que han pasado a formar parte de la propia idiosincrasia de los Juegos Olímpicos.

La síntesis de los contenidos de este capítulo, aparece en el siguiente esquema:

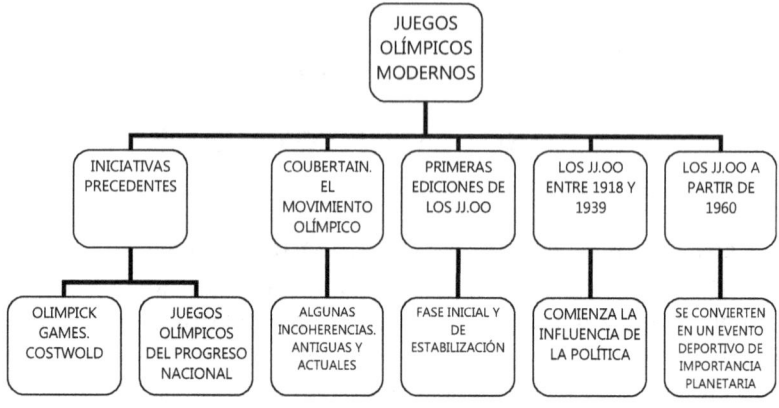

Figura 10: Contenidos del Capítulo 9.

9.1. ANTECEDENTES DE LOS JUEGOS OLÍMPICOS MODERNOS

En la localidad inglesa de Costwold, concretamente en la hacienda del Capitán Robert Dover y originariamente a instancias de éste, desde el siglo XVII se desarrollaron unas competiciones de carácter localista que se componían de juegos populares de la zona (Salvador, 2004). Estos certámenes de índole deportiva fueron denominados *Olympick Games* y se llevaron a cabo intermitentemente hasta bien entrado el siglo XIX. Obviamente poco tenían que ver con los actuales Juegos Olímpicos y mucho menos con los de la Antigüedad, pero por la pretenciosa adopción del nombre *Olympic Games*, así como por su carácter deportivo, se les considera antecedentes de las actuales Olimpiadas.

Los antecedentes más directos los encontramos en la Grecia actual. La Guerra de la Independencia Griega (1821-1832) libro a este país del dominio del Imperio Otomano. Los griegos, recién estrenada su libertad, con la consecuente acentuación del sentimiento patriótico, se esforzaron mucho por reivindicar su propia idiosincrasia, su cultura, su tradición y, en definitiva, su lugar en el mundo contemporáneo.

En ese contexto celebraron varias ediciones de los Juegos Olímpicos, en concreto en los años 1859, 1865, 1875 y 1888. La primera de ellas fue impulsada por el empresario Evangelios Zappas, que realizó una cuantiosa donación al rey Otto de Grecia para la restauración de estos Juegos, poniendo como condición que cumplieran con las características de los celebrados en la Antigüedad.

La propuesta de Zappas no pudo llevarse a cabo tal y como él la concibió, por un lado porque no pudo mantenerse la periodicidad cuatrienal, pues se celebraban cuando había recursos económicos suficientes. Por otro lado, porque se trataba de unos Juegos que, si bien contenían pruebas atléticas inspiradas en las de la Antigüedad, también contenían competiciones poéticas, musicales e incluso exposiciones de maquinaria, de animales de granja,...En definitiva, todo lo que amplificara el reconocimiento y avance de Grecia, como nación del mundo contemporáneo, era siempre bienvenido.

LOS ANTECEDENTES DE LOS JUEGOS OLÍMPICOS MODERNOS SON LOS OYMPICK GAMES DE COSTWOLD Y LOS JUEGOS OLÍMPICOS GRIEGOS, TAMBIÉN LLAMADOS DEL PROGRESO NACIONAL.

9.2. INICIOS DE LOS JUEGOS OLÍMPICOS MODERNOS

El gran promotor de los Juegos Olímpicos Modernos fue el francés Pierre Fredi, barón de Coubertain (1863-1937), perteneciente a una familia aristocrática de alta alcurnia, muy vinculada con el gobierno de su nación.

Durante su juventud, el barón se encontró con una sociedad francesa desmoralizada, ya que la Guerra Franco-Prusiana (1870-1871) había dejado en evidencia la clara superioridad germana. En este contexto, Coubertain, influido por la orientación política de su familia y por su vocación pedagógica, valoró como necesaria una remodelación de la educación y la formación de la juventud, pues se corría el riesgo de que Francia quedara relegada como potencia internacional ante el empuje alemán y la supremacía británica (Rivero, 2005).

A partir de esta motivación, de indudable índole patriótica, y gracias a la considerable fortuna que atesoraba, realizó un viaje a Inglaterra y otro a EE.UU. Su fin era conocer en profundidad el sistema educativo de estos países que para él, desechados los antagónicos alemanes, eran los referentes.

Coubertain pensaba que el origen del progreso de estas naciones había que buscarlo en la educación que dispensaban a sus jóvenes, quedando prendado del sistema educativo de las clases altas inglesas, en el que la pedagogía de Thomas Arnold había calado profundamente. Como afirma Solar (1997, citado por Rivero 2005), también influyeron en él el movimiento de los Atletas cristianos de Kingsley, su periplo estadounidense y las obras del sociólogo Le Play y el pensador Tocqueville.

A partir de estos cimientos el barón comenzó a esbozar su proyecto que, si bien inicialmente tuvo la intención de remodelar el sistema educativo francés, favoreciendo la práctica de los deportes como parte integrante del mismo, poco a poco fue derivando hacia una orientación transnacional que lo extendiera al resto de naciones. Como afirma Rivero (2005), el internacionalismo se convirtió en parte fundamental del proyecto originario de Coubertain.

LA IDEA ORIGINAL DE COUBERTAIN ERA MEJORAR EL SISTEMA EDUCATIVO FRANCÉS, PERO INCORPORÓ EL INTERNACIONALISMO A SU PROPUESTA.

El ideal que iba cobrando forma en la mente de Coubertain se vio notablemente influido por dos aspectos muy característicos de su tiempo, por un lado las famosas exposiciones mundiales o universales, que periódicamente se organizaban en alguna de las ciudades de los países más industrializados. Por otro lado el redescubrimiento para la sociedad de la época de la cultura de la Grecia Clásica, gracias a los descubrimientos que tuvieron lugar desde mediados del siglo XIX. En relación a ello, destaca sobremanera el descubrimiento de las ruinas de Olimpia en 1875 por parte del alemán Ernest Curtius.

EL DESCUBRIMIENTO DE OLIMPIA Y LAS FAMOSAS EXPOSICIONES UNIVERSALES INFLUYERON EN LA GESTACIÓN DE LOS JUEGOS OLÍMPICOS MODERNOS.

En este contexto, Coubertain, aprovechando la reunión de la *Union des Sociétes Françaises des Sports Ahtlétiques* (USFSA) que tuvo lugar en *La Sorbonne* en 1892, propuso en el discurso de clausura el restablecimiento de los Juegos Olímpicos, eso sí, adaptándolos a las características de la vida moderna. Es decir, lo que proponía era una invención propia, competiciones deportivas modernas adornadas con ritos propios de la Grecia Clásica, considerada madre de la cultura occidental (Salvador, 2004). Su propuesta recibió muchos apoyos y fue aprobada pero, como el mismo decía, nadie entendió nada. De hecho todos esos apoyos fueron exclusivamente morales, compromisos concretos y apoyos económicos no recibió ninguno.

Dos años después, en 1894, dentro del *Congreso Internacional sobre Amauterismo* impulsado por él mismo y que se organizó también en *La Sorbonne*, volvió a lanzar su propuesta. A diferencia del primer intento, el barón trabajó intensamente en el terreno diplomático antes del congreso, tanto en el ámbito aristocrático (por ejemplo trató el asunto con el Príncipe de Gales o con el Príncipe heredero de Suecia) como en el político (convenciendo a las federaciones deportivas inglesas, a varias universidades norteamericanas e incluso a políticos influyentes como el inglés Balfour).

Estos movimientos diplomáticos dieron su fruto y el 23 de julio se voto por unanimidad a favor de la restauración de los Juegos Olímpicos.

EN 1892 FUE LA PRIMERA PROPUESTA DE RESTAURACIÓN, QUE FRACASÓ. LA SEGUNDA, EN 1894, FUE APROBADA Y APOYADA.

Inicialmente Coubertain quería que la primera edición tuviera lugar en Paris en 1900, aprovechando la Exposición Universal que tendría lugar ese año en la capital gala, ya que consideraba que las Olimpiadas podían aprovechar el impulso y la publicidad internacional que estas exposiciones podían proporcionarles.

Pero la vehemencia de los griegos, que no sólo vieron una oportunidad en estos Juegos para reafirmar su propia identidad y para conmemorar la independencia de los turcos, sino que, como expone Rodríguez (2000), incluso consideraban que la universalización de los Juegos era una sustracción a la propia cultura helena, pues ni siquiera habían pasado cuatro años desde la última edición de los Juegos Olímpicos griegos.

Todo ello hizo desistir al barón de su idea inicial. Si bien, tanto él como la mayoría de los presentes en el congreso eran bastante escépticos sobre la capacidad organizativa de los griegos. Aún así se decidió que la primera edición tendría lugar en Atenas en el año 1896.

Para la organización de estos Juegos, se creó el Comité Olímpico Internacional (COI) formado originariamente por 15 miembros propuestos por Coubertain, de los cuales se eligió como presidente al griego Demetrius Bikelas, delegado de la Sociedad Panhelénica de Gimnasia. Todos ellos eran aristócratas amigos del barón, que con ello buscaba una fachada de prestigio para el Movimiento Olímpico (Rodríguez, 2000).

A partir de ese momento y con escasos dos años por delante, comenzó la aventura de organizar los primeros Juegos Olímpicos de la Era Moderna.

9.3. LAS PRIMERAS OLIMPIADAS (1896-1912)

Los Juegos Olímpicos de 1896 contaron con el firme apoyo de la Familia Real Griega, pero sobretodo con el necesario apoyo de varios empresarios griegos, afincados en los EE.UU. El más destacado de estos adinerados griegos fue el armador Georgios Averoff, que donó un millón de dracmas a la organización.

Las pruebas incluían deportes contemporáneos como el ciclismo o el atletismo, además de pruebas relacionadas con la gimnástica de la época. También se incluyeron certámenes poéticos, conciertos e incluso desfiles.

A los vencedores se les entregó una medalla de plata, pues Coubertain temía que el valor del oro fuese lucrativo para el deportista (Salvador, 2004). El más famoso de ellos fue el griego Spiridon Louis, pastor de profesión y campeón olímpico de maratón.

Si bien Grecia había ganado algunas otras medallas, esta victoria fue la más politizada por los gobernantes griegos, que tomaron a Louis como un icono del resurgir griego y de la grandeza de esta nación. Hasta tal punto llegó su consideración como héroe nacional, que el estadio de los Juegos Olímpicos de 2004 lleva su nombre.

Para ser la primera Olimpiada, y a pesar de ciertos problemas organizativos, el éxito había sido notable, pues participaron 13 países y un total de 311 deportistas Este éxito conllevó un gran obstáculo para el Movimiento Olímpico propugnado por Coubertain, pues los políticos, magnates y hasta la aristocracia griega pretendieron que las Olimpiadas siempre se celebraran en Atenas.

El COI, ya presidido por el barón, no cedió a las exigencias griegas pues eran contrarias a la idea de internacionalización que defendía este organismo. De esa forma, y como originariamente tenía planteado Coubertain, la segunda edición de los Juegos se llevó a cabo en París, coincidiendo con la Exposición Universal.

Sin embargo esta Olimpiada fue un desastre, el gobierno francés nunca apostó por ella y sí por la Exposición. De tal forma que los Juegos quedaron reducidos a un anexo de tipo folclórico de dicha Exposición, por ello tuvieron una duración amplísima, desde el mes de mayo al de octubre. Algunas pruebas se desarrollaron en los aledaños de la Torre Eiffel, otras en localidades cercanas a París y otras en las instalaciones del Racing Club. Incluso hubo deportistas que ni siquiera sabían que competían en unos Juegos, como el francés campeón de maratón que se enteró doce años después. Para colmo no se respetó uno de los principios dogmáticos de Coubertain, la prohibición de participación a las mujeres, de forma que once lo hicieron, aunque en deportes de exhibición.

Después de esta mal llamada Olimpiada, el Movimiento Olímpico quedó seriamente dañado. Situación que empeoraría en la siguiente edición. El COI acordó llevar los siguientes Juegos a EE.UU, pues este país había sido un sólido pilar en la conformación de las Olimpiadas modernas.

En principio se decidió que fueran en Chicago, pero ese mismo año en San Luis (Missouri) tenía lugar una Exposición Universal y el estado sureño no quería que la atención se desviara de su ciudad. Las presiones políticas se sucedieron y el presidente Roosevelt se decanto finalmente por San Luis, por lo que Chicago no tuvo más remedio que ceder (Salvador, 2004).

Así, la tercera edición de los Juegos se desarrolló en una ciudad donde los linchamientos a personas de raza negra estaban permitidos y se incluyeron en el programa olímpico los llamados *Anthropological Days*, donde con cierto tono jocoso se hacían exhibiciones y competiciones entre personas de la misma raza (negros, indios,...) o entre diferentes razas y constituciones (negros contra asiáticos, pigmeos contra personas de gran estatura,...). En estas pruebas obviamente no participaban los blancos, ellos eran los divertidos espectadores. Mandell (1986) considera estos *Anthropological Days* detalle de buen gusto, pero coincido con Rodríguez (2000) en afirmar que fueron la mayor mascarada discriminatoria que se haya podido concebir en el mundo del deporte.

Como podéis imaginar las Olimpiadas modernas estaban en serio peligro, por lo que los griegos tomaron la iniciativa y organizaron en Atenas, con motivo del décimo aniversario de la restauración, unos Juegos Olímpicos en 1906. Se celebraron con gran nivel de participación y lograron mejorarse notablemente los problemas organizativos de la edición de 1896. Sin embargo, el COI nunca reconoció a estos Juegos, a pesar de que posiblemente salvaron al Movimiento Olímpico (Salvador, 2004).

Afortunadamente las dos siguientes ediciones oficiales fueron un éxito y ayudaron sobremanera a la estabilización de los Juegos. La de 1908 fue en Londres (es conveniente recordar que Inglaterra fue junto a EEUU el gran pilar donde Coubertain cimentó el Olimpismo), tanto a nivel organizativo como deportivo la mejora con respecto a ediciones precedentes fue notable. No obstante, tengo que destacar que fue la última edición donde los jueces fueron elegidos por el país organizador, ya que hicieron trampas descaradamente a favor de los ingleses y en contra de los estadounidenses (muchos de ellos de ascendencia irlandesa, con la consecuente rivalidad entre ingleses aristócratas y los hijos de irlandeses inmigrantes).

La de Estocolmo en 1912 fue, posiblemente, la mejor Olimpiada hasta el momento. En el campo organizativo destacó sobremanera, no en vano los suecos se pusieron manos a la obra desde el momento en que supieron que serían los encargados de la quinta Olimpiada. Además, se logró una participación record con 28 países y un total de 3889 deportistas.

Sin embargo, es preciso que explique uno de los hechos más vergonzoso del Olimpismo, que tuvo su origen en estos Juegos. Jim Thorpe, un amerindio ganador del pentatlón y del decatlón, fue despojado en 1913 de sus medallas. La razón fue que había cobrado dinero cuando era jugador de béisbol y fútbol americano, siendo por tanto un "profesional". Llama la atención la rigurosidad moral del COI, cuando años antes, por ejemplo, toleraron los *Anthropological Days*. Cierto es que le restituyeron las medallas en 1982, pero Thorpe había muerto en 1953.

LA PRIMERA OLIMPIADA TUVO UN RELATIVO ÉXITO, PERO LA SEGUNDA Y LA TERCERA FUERON UN DESASTRE. LAS DOS SIGUIENTES EDICIONES CONTRIBUYERON A LA ESTABILIZACIÓN DE LOS JUEGOS OLÍMPICOS.

9.4. EL PERIODO DE ENTREGUERRAS

Durante la Primera Guerra Mundial (1914-1918) las Olimpiadas quedaron en suspenso, no retomándose hasta la edición de Amberes en 1920. Como se expondrá en el capítulo referido al deporte y las relaciones internacionales, en estos Juegos es donde comienza de forma directa y clara la influencia de la política internacional en el Movimiento Olímpico. De hecho, tanto Alemania como sus aliados fueron excluidos de la cita por haber participado en la I Guerra Mundial contra las potencias que, a la postre, fueron las vencedoras del conflicto. Asimismo la URSS también fue vetada, en este caso por la Revolución de Octubre que terminó con la Rusia de los zares.

La participación en Amberes fue incluso mejor que en Estocolmo, a pesar de la precariedad económica en la que se desarrollaron estos Juegos. En esta edición es cuando se instaura el juramento olímpico y, también, cuando Coubertain presenta la bandera olímpica que hoy día conocemos.

La siguiente Olimpiada fue en París en 1924 que, a pesar de algunos problemas presupuestarios, fueron un éxito. Hay que destacar la novedad que supuso la creación, en ese mismo año, de los Juegos Olímpicos de Invierno, que se desarrollaron por primera vez en Chamonix.

Posteriormente vendrían las Olimpiadas de Ámsterdam (1928) y Los Ángeles (1932), pero voy a centrarme en la de Berlín en 1936, también conocida como la Olimpiada nazi, pues más allá de la demostración de la capacidad organizativa del pueblo alemán, supusieron un evento propagandístico para el régimen de Hitler, siendo prueba irrefutable de ello la película *Olympia*. En estos Juegos, en los que Jesse Owen dio una lección al *Führer* sobre la superioridad de la raza aria, los deportistas judíos alemanes prácticamente no pudieron participar, es más ni siquiera podían acceder a instalaciones deportivas o formar parte de clubes en todo el territorio alemán. Las únicas excepciones, obviamente con el fin de guardar las formas ante el COI, fueron la de una esgrimista y un jugador de hockey (ambos pertenecientes a familias llamadas mixtas), el resto se quedó en el proceso de selección previo, incluyendo a Gretel Bergmann la mejor saltadora de altura de Alemania (Guttman, 2002).

La pregunta que surge es clara ¿qué hizo el COI ante estos comportamientos contrarios a su filosofía apolítica y de internacionalización del deporte como mecanismo de unión entre los pueblos? A pesar de las protestas de muchos países, no tomó medidas drásticas al respecto. Es más, los organizadores alemanes trataron de tranquilizar a la comunidad internacional negando las persecuciones étnicas y garantizando que los Juegos no estarían influidos por la política.

EN AMBERES (1920) COMIENZA LA INFLUENCIA DE LA POLÍTICA INTERNACIONAL EN LOS JUEGOS OLÍMPICOS. EN BERLÍN (1936) LOS JUEGOS SON UTILIZADOS COMO MEDIO DE PROPAGANDA DEL RÉGIMEN NAZI.

9.5. EVOLUCIÓN HACIA EL GIGANTISMO

Tras la II Guerra Mundial (1939-1945), los Juegos volvieron a reanudarse. La primera edición tras el conflicto fue la de Londres en 1948. En sintonía con lo acontecido tras la I Guerra Mundial, los países vencidos, en este caso Alemania y Japón, fueron vetados.

En las ediciones siguientes no hay hechos especialmente reseñables, excepto el levantamiento del veto a la URSS en la Olimpiada de Helsinki (1952). Habrá que esperar hasta los Juegos Olímpicos de Roma en 1960 para encontrar un suceso significativo. Me refiero a la irrupción de la televisión, que llevó esta espectacular Olimpiada (no sólo por el nivel exhibido por los deportistas, sino por el marco incomparable de la Ciudad Eterna) a todos los rincones del mundo.

La televisión abrió los Juegos Olímpicos a la comercialización, a la publicidad y al patrocinio de grandes marcas comerciales, que veían en ellos el mejor escaparate publicitario posible. Se inicia, por tanto, un nuevo periodo que ha agrandado paulatinamente la relevancia de los Juegos desde Roma hasta la actualidad. En esta nueva era olímpica, los Juegos son una fuente de grandes ingresos y los intereses económicos van a ser un elemento determinante dentro de los mismos.

LA OLIMPIADA DE ROMA (1960) MARCA UN ANTES Y UN DESPUÉS EN LA HISTORIA OLÍMPICA. LA IRRUPCIÓN DE LA TELEVISIÓN DARÁ A ESTE EVENTO UNA IMPORTANCIA INSÓLITA.

9.6. REFLEXIONES FINALES

Para finalizar este capítulo y a modo de reflexión, quiero exponer algunas consideraciones con respecto a los Juegos Olímpicos.

Indudablemente es inapelable el reconocimiento a la figura de Coubertain, sin su esfuerzo y dedicación las Olimpiadas nunca hubieran llegado a ser lo que hoy son, es decir, el evento deportivo a nivel mundial más importante. Sin embargo, el barón, como cualquier persona, tuvo sus puntos oscuros y sus propias incongruencias que se reflejaron en las decisiones del propio COI.

En primer lugar, siempre tuvo una concepción clasista del deporte, de ahí su defensa a ultranza del amateurismo (las clases privilegiadas no precisaban ganar dinero con el deporte, ya tenían la vida resuelta). Varias fueron las víctimas de esta política del COI, como el ya comentado Thorpe o el atleta finés Paavo Nurmi.

El concepto de amateurismo, siempre ambiguo, afortunadamente fue cediendo ante el proceso de democratización del deporte, que dejó de ser una práctica aristocrática para llegar a todas las clases sociales.

Otra posición muy censurable del COI y cuyo principal responsable fue Coubertain, al que muchos autores han tachado de misógino, fue prohibir la participación de las mujeres en las Olimpiadas. Si bien, el COI tuvo que admitirlas a partir de 1928 (antes habían participado en algunas ediciones pero sólo en deportes de exhibición), porque la revolución ocasionada por los Juegos Femeninos, organizados por Alice Milliat y la Federación Internacional de Deportes Femeninos que ella misma creó, amenazaba con restar protagonismo a los Juegos Olímpicos, que todavía no eran el gran evento que hoy día son y el COI aún temía por la continuidad de los mismos (Salvador, 2004).

En tercer lugar, a nivel político, sólo subrayar algunos aspectos ya descritos, como la ausencia de una postura firme, tanto de Coubertain como del COI, ante hechos tan deleznables y contrarios al ideal olímpico como los acaecidos en las Olimpiadas de San Luis (1904) o en las de Berlín (1936).

Sin embargo, no penséis que hoy día el COI ha superado todas sus incongruencias, muy al contrario éstas han aumentado con la irrupción de los intereses económicos. Si no, ¿cómo explicar que en los Juegos Olímpicos de Munich (1972), tras el atentado perpetrado por el comando Septiembre Negro contra la delegación israelí, continuaran las competiciones? ¿Acaso la muerte de once personas no era suficiente motivo para suspender esta manifestación del internacionalismo deportivo que busca la unión y el entendimiento entre los pueblos? Pues no, las competiciones sólo se suspendieron un día y después continuaron tal cual estaba previsto. Tal vez, los intereses económicos eran demasiado fuertes como para clausurar los Juegos.

Otras fueron las incoherencias que se pusieron de manifiesto cuando en la Olimpiada de México en 1968 fueron expulsados los medallistas de oro y bronce en la prueba de 200 metros lisos, los estadounidenses Smith y Carlos. La razón, levantar un puño enguantado durante la entrega de medallas, en señal de protesta por la falta de derechos de los afroamericanos. El presidente del COI, el estadounidense Brundage, afirmó que los Juegos eran un evento apolítico y los expulsó de los mismos.

No me llama la atención la actitud de Brundage, a pesar de que no consideró sancionable la matanza durante esos mismos Juegos de más de 500 estudiantes mexicanos que reclamaban menos gastos en la Olimpiada y más servicios sociales para el pueblo. La razón que justifica mi falta de asombro es sencilla, este señor fue el encargado de la investigación previa a los Juegos Olímpicos de Berlín en 1936, que buscaba conocer si en la Alemania nazi se estaba dando un trato discriminatorio a los deportistas judíos, porque en tal caso la Asociación Olímpica Americana tomaría medidas al respecto. Como dice Guttman (2002) "Brundage creyó aquello que estaba dispuesto a creer" (p. 57) y finalmente EE.UU participó en esta Olimpiada.

Una última incongruencia que quiero citar, aunque seguro que no es la última en la que ha incurrido el máximo organismo olímpico, es su lucha contra el dopaje. Los controles antidoping en una Olimpiada son continuos y exhaustivos, cualquier deportista que da positivo no sólo es expulsado, sino sancionado y defenestrado públicamente por los honestos señores del COI. La pregunta que me surge es la siguiente: ¿Alguien podría aclararme por qué estos mismos señores permiten que la selección de baloncesto estadounidense, compuesta por jugadores de la NBA, no pase controles antidoping durante los Juegos Olímpicos?

BIBLIOGRAFÍA

Guttman, A. (2002). Los Juegos Olímpicos nazis y el boicot americano. Controversia. En González Ajá, T. (Ed.) *Sport y Autoritarismos* (pp. 49-78). Madrid: Alianza Editorial.

Rivero, A. (2005). *Deporte y modernización*. Sevilla: Wanceulen.

Rodríguez, J. (2000). *Historia del deporte*. Barcelona: INDE.

Salvador, J.L. (2004). *El deporte en occidente. Historia, cultura y política*. Madrid: Ediciones Cátedra.

Capítulo 10

DEPORTE Y RELACIONES INTERNACIONALES DURANTE EL SIGLO XX

En los primeros años del siglo XX los poderes establecidos (monarquías, democracias, dictaduras,...) no se fijaron en el potencial que, para sus intereses propagandísticos y diplomáticos, tenía el deporte. Lo consideraban unas prácticas físicas para nada serias y, obviamente, con poca relevancia dentro de la sociedad que ellos gobernaban.

Sin embargo, y a pesar de este punto de partida, durante el siglo pasado el deporte llegó a convertirse en un fenómeno social de extraordinaria importancia, lo que llevó a los distintos regímenes políticos a utilizarlo como herramienta de su política internacional.

En este capítulo abordaré el inicio y la evolución del deporte como herramienta de política internacional, con el fin de que podáis entender porque hoy día es una manifestación social de tremenda importancia, a la que se ligan no sólo aspectos típicamente deportivos, sino también políticos. Para la elaboración de este capítulo ha sido esencial la obra *Sport y Autoritarismos*, en la que varios de los mejores expertos en historia del deporte abordan la utilización del deporte como instrumento en manos de los poderes establecidos.

Por último, como viene siendo habitual, os presento un esquema con los contenidos fundamentales que explicaré:

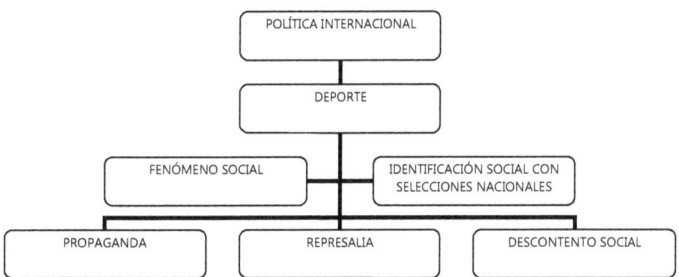

Figura 11: Contenidos del Capítulo 10.

10.1. EL DEPORTE Y SU TRANSFORMACIÓN EN FENÓMENO SOCIAL

El deporte moderno, como sabemos, nació en Inglaterra y se difundió a nivel mundial en los últimos decenios del siglo XIX, gracias a las asociaciones y clubes creados mayoritariamente por los trabajadores y militares ingleses de las colonias. Por tanto, la difusión de estas prácticas dependían del ámbito exclusivamente privado, los estados no se preocuparon por su difusión y, ni mucho menos, por su control y posibles utilidades políticas.

Como expone Arnaud (2002b), los promotores del deporte no podían imaginar, a finales del siglo XIX, que las competiciones deportivas pudieran llegar a tener un impacto tan fuerte en la opinión pública y acabar siendo una herramienta de la política internacional. Lo mismo les ocurrió a los políticos, ninguno de ellos pensó que el deporte pudiera llegar a tener un papel tan relevante en la vida social, cultural, económica y política.

A partir de 1918, año en el que finalizó la I Guerra Mundial, el deporte sufrió un tremendo auge. De hecho comienza a institucionalizarse, multiplicándose el número de federaciones nacionales e internaciones, que buscaban unificar y regir la práctica de los diferentes deportes (reglamentos, organización de la competición, etc.). Además, las competiciones, que inicialmente tuvieron un carácter local, comienzan a desarrollarse a nivel nacional y posteriormente internacional.

A PARTIR DE 1918 EL DEPORTE COMIENZA A TRANSFORMARSE EN UN FENÓMENO SOCIAL.

El éxito de las competiciones se basó en el gran aumento del número de clubes, lo cual trajo aparejado el incremento de practicantes y también el de seguidores. En definitiva, no sólo el deporte praxis se difunde sino que aparece el llamado deporte espectáculo, la masa social se identifica con uno u otro club y llena los estadios para animar a los suyos, disfrutando de sus victorias y sufriendo con sus derrotas, admirando a sus ídolos y sintiendo como suyo el escudo del club.

El deporte y el espectáculo deportivo se convierten poco a poco en un fenómeno mundial, que encuentra dos aliados fundamentales. Por un lado el ferrocarril, que facilitó el transporte de los deportistas y de sus seguidores por toda la geografía, facilitando así el desarrollo de las competiciones a gran escala, ya fueran nacionales o internacionales. Por otro lado la prensa especializada, que contribuyó a divulgar y engrandecer estos eventos deportivos, es más, en más de una ocasión la prensa fue el artífice de alguno de esos eventos. Por ejemplo, la *Gazzetta dello Sport* fue la fundadora del Giro de Italia.

DOS FACTORES AYUDARON A LA CONSAGRACIÓN DEL DEPORTE COMO FENÓMENO SOCIAL: LA PRENSA Y EL FERROCARRIL.

10.2. EL DEPORTE Y LA POLÍTICA INTERNACIONAL

Antes de 1914, año de inicio de la I Guerra Mundial, el deporte no tenía ninguna relación directa con la política. Según Arnaud (2002a), tres son las razones que explican la poca repercusión que tenía a nivel político.

En primer lugar el estado no mostraba interés en el deporte, sin embargo sí subvencionaba a las sociedades gimnásticas porque éstas contribuían a cohesionar y educar, desde una perspectiva nacionalista, a los ciudadanos. Además los preparaba para la guerra. En el caso del deporte, los gobernantes no consideraban que tuviera estas cualidades y por ello no lo favorecían.

En segundo lugar, durante ese primer periodo del siglo XX, el deporte aún no tenía una repercusión social de envergadura, sino un carácter regional y poco organizado. Las pocas competiciones reconocidas no movilizaban aún a una gran masa social, por lo que su trascendencia era muy limitada.

En tercer lugar, los recientemente instaurados Juegos Olímpicos surgían como un medio de acercamiento entre los pueblos, la idea de Coubertain era el pacifismo y el internacionalismo a través del deporte. Esta orientación utópica alejaba a las olimpiadas de la órbita política y de las grandes tensiones que en este ámbito se vivieron en los años previos a la guerra.

ANTES DE 1914 LOS GOBERNANTES NO PRESTARON INTERÉS POR EL DEPORTE: NO TENÍA REPERCUSIÓN SOCIAL, NO CREÍAN QUE SIRVIERA PARA EDUCAR Y LA ORIENTACIÓN OLÍMPICA LO ALEJABA DE SUS INTERESES.

La relación entre deporte y política internacional va a aparecer a partir de la internacionalización del propio deporte y del desarrollo de éste como espectáculo de masas (Arnaud, 2002a). Si bien inicialmente esta relación fue vaga, se va a fortalecer a partir de la organización de competiciones internacionales por selecciones y de la toma de conciencia, por parte de la clase política, de la gran influencia que sobre la opinión pública tenían estos eventos (Arnaud, 2002b).

El desarrollo de competiciones internacionales por selecciones va a llevar asociado un factor de suma importancia para los gobernantes, el nacionalismo (Arnaud, 2002a). Los ciudadanos van a identificarse con su equipo nacional, que los representa ante los extranjeros. La selección va a ser fuente de orgullo y gloria para una nación, en definitiva se convertirá en la bandera de su identidad.

Por tanto, las selecciones nacionales van a ser vehículos de representación de una nación y, por extensión, de su cultura, su sociedad, su política,...Esta situación fue clave para que la clase política influyera notablemente en el ámbito deportivo, ya que era un escaparate del país que ellos gobernaban. Las victorias y las derrotas eran imágenes de la propia nación, por lo que el reconocimiento deportivo o, para ser más explícitos, la superioridad deportiva de una selección sobre otra, era reflejo de la superioridad de un estado sobre otro y, por ende, de su régimen político, su ideología, su sociedad y su cultura.

Además, el prestigio deportivo no sólo tenía influencia a nivel internacional sino que internamente servía como muestra a la ciudadanía, es decir a la opinión pública, del poder y valía de su país, del mérito de su clase política que los conducía a un estatus de superioridad sobre el resto.

LA IDENTIFICACIÓN DE CARÁCTER NACIONALISTA DE UN PAÍS CON SU SELECCIÓN FUE EL FACTOR CLAVE PARA QUE LOS POLÍTICOS SE INTERESASEN POR LA VALÍA DIPLOMÁTICA DEL DEPORTE.

10.3. PRIMEROS PASOS DEL DEPORTE COMO INSTRUMENTO DE LA POLÍTICA INTERNACIONAL

El asentamiento de los Juegos Olímpicos y la aparición de otras competiciones internacionales, como la Copa del Mundo de Fútbol, lógicamente confirió más relevancia a los encuentros internacionales, pero ¿estaban libres de influencias políticas estos encuentros? Obviamente no, de hecho los cambios políticos que siguieron al fin de la I Guerra Mundial y la conmoción que ésta produjo, se trasladaron al campo deportivo.

Como ejemplo ilustrativo, os expongo el caso de los Juegos Olímpicos de Amberes en 1920, en los que se prohibió la participación a Alemania, Turquía, Bulgaria y Polonia. La razón fue simplemente política, la participación de esto países en la I Guerra Mundial contra las democracias occidentales, que a la postre resultaron victoriosas. Cuatro años más tardes, en la Olimpiada de París, sí se permitió la participación de los países anteriormente citados, a excepción de Alemania. Como afirma Holt (2002b), cuatro años de matanzas en el frente occidental hacía imposible plantearse encuentros atléticos contra los alemanes, los franceses no podían arriesgarse a perder en su propia casa contra ellos.

Otro ejemplo relevante es el caso de la URSS, que fue vetada en los Juegos Olímpicos desde su creación, a partir de la Revolución de Octubre de 1917, hasta después de la II Guerra Mundial. A nadie se le escapa que la ideología comunista fue el gran impedimento para que este país se incorporara a la familia olímpica. En su tardía inclusión en las olimpiadas, posiblemente influyó el hecho de que los soviéticos fueron los que más bajas sufrieron durante la II Guerra Mundial y los grandes artífices de la victoria contra la Alemania de Hitler.

Por tanto, es manifiesta la falta de independencia del deporte con respecto a los hechos políticos internacionales. Pero ¿cuándo comenzó esta relación entre política internacional y deporte? De nuevo es Arnaud (2002a) quien nos da la respuesta, tras la I Guerra Mundial las federaciones deportivas inglesas incitaron a una escisión de los países vencedores con respecto a los vencidos y neutrales. Los vencedores se unieron con suma rapidez, para exigir a los vencidos y neutrales que se adhirieran a la Sociedad de las Naciones. En tanto eso no ocurriera, no volverían a disputar encuentros internacionales contra esos países.

Por tanto, tal y como apunta Holt (2002b), a pesar de la creencia generalizada de que los primeros en politizar los encuentros deportivos internacionales fueron los regímenes totalitarios, ya fueran de derechas o de izquierdas, en realidad fueron las democracias europeas, vencedoras de la I Guerra Mundial, las que inicialmente utilizaron al deporte como herramienta en sus relaciones internacionales. En primer lugar fue Inglaterra y, poco después, Francia y Bélgica.

A PARTIR DE 1918 EL DEPORTE ES UTILIZADO COMO INSTRUMENTO DENTRO DE LA POLÍTICA INTERNACIONAL. LAS DEMOCRACIAS OCCIDENTALES SON LAS PRIMERAS EN HACERLO.

No deja de ser llamativo el hecho de que Inglaterra, cuna del deporte moderno y defensora del *fair play* como uno de los elementos configuradores del mismo, fuera la primera nación en politizar internacionalmente al deporte. Si bien, parece ser que el gobierno no intervino directamente en estas decisiones, aunque es obvio que las federaciones inglesas que propugnaron la escisión anteriormente comentada, contaban con la simpatía gubernamental (Holt, 2002a).

En definitiva, a partir de 1918 el deporte, como manifestación social de tremenda importancia durante el siglo XX, no escapó a la influencia de la política internacional. La utopía de Coubertain de un deporte pacifista, internacionalista y que acercara a los pueblos del mundo, había desaparecido. Así que, nos guste o no, el deporte pasó a ser una herramienta más en el complejo mundo de las relaciones internacionales.

10.4. LA UTILIZACIÓN DEL DEPORTE EN LA POLÍTICA INTERNACIONAL

A lo largo del siglo XX, tres han sido las modalidades de utilización del deporte como herramienta de la política internacional (Arnaud, 2002a):

En primer lugar como medio propagandístico, las victorias internacionales contribuían a la identidad de un país, incluso a la legitimidad de su régimen político, ya que eran prueba palpable de como la voluntad política podía contribuir a reconducir la nación y a, incluso, mejorar la raza. Esta modalidad fue especialmente utilizada por los regímenes totalitarios, en especial la Italia fascista, la Alemania nazi y, durante la Guerra Fría, por los países del bloque del este, sobretodo la URSS y la República Democrática Alemana.

En segundo lugar como medio de represalia, prohibiendo a los equipos nacionales enfrentarse a los de otros países por razones estrictamente políticas. Arnaud (2002a) cita un ejemplo bastante esclarecedor, en 1919 el equipo francés de fútbol, cediendo a las exigencias británicas, se negó a jugar contra el suizo, porque éste había jugado contra los alemanes. El objetivo era ejercer presión sobre la opinión pública suiza para que cambiara la política exterior de su gobierno.

En tercer, y último lugar, como medio de manifestación del descontento popular, que podía desembocar incluso en violencia entre aficiones o hacia los propios deportistas. Numerosos son los ejemplos en los que un equipo nacional se ha visto violentado e incluso agredido por los seguidores rivales, sin embargo prefiero presentaros un caso en el que los ciudadanos de un mismo país hostigaron a su propia selección. En 1938, con Europa al borde de la guerra, se celebró en Francia la Copa del Mundo de Fútbol. Italia partía como campeona, pero en sus partidos bulliciosas turbas de italianos, exiliados del régimen fascista de Mussolini, abucheaban e insultaban a su selección. Para colmo, *il Duce*, en el partido de cuartos de final contra los anfitriones y ante la coincidencia de colores entre los uniformes de italianos y franceses, ordenó a sus jugadores que no utilizaran su segunda equipación de color blanco, sino una negra a semejanza del uniforme reglamentario de los camisas negras. Además les ordenó que realizaran el saludo fascista antes del encuentro. Lógicamente, todo ello encendió aun más las protestas e insultos hacia el equipo italiano, no sólo de los opositores al régimen fascista sino también de los numerosos franceses que había en las gradas.

DEPORTE COMO HERRAMIENTA DE LA POLÍTICA INTERNACIONAL: MEDIO PROPAGANDÍSTICO, MEDIO DE REPRESALIA Y MEDIO DE MANIFESTACIÓN DEL DESCONTENTO POPULAR.

10.5. ACONTECIMIENTOS DEPORTIVOS CONCRETOS

La parte final de este tema la dedicaré a exponeros ejemplos concretos del papel jugado por el deporte en el ámbito de las relaciones internacionales.

En primer lugar quiero hablaros de la llamada Batalla de Highbury, partido de fútbol entre las selecciones de Inglaterra e Italia celebrado el 14 de noviembre de 1934. Los italianos venían con la vitola de campeones del mundo, logro que obtuvieron por la "vehemencia" de Mussolini, que incluyó la manipulación arbitral y las amenazas de muerte hacia sus propios jugadores, en caso de que no lograran el campeonato.

Inglaterra no había participado en el torneo y, además, nunca había perdido como anfitrión. Por todo ello se esperaba un encuentro de gran nivel futbolístico. El partido finalizó con tres a dos a favor de los locales, pero lo más relevante fue la violencia que se vivió en el terreno de juego. Tal y como expone Holt (2002a), el *Daily Herald* calificó el encuentro como el más brutal y peligroso de los jugados en este país en varias décadas. De hecho, un italiano acabó con un dedo del pie roto y un inglés con la nariz fracturada.

Como dice este autor, si los ingleses hubieran querido utilizar el deporte para indignar a los italianos no podrían haberlo hecho mejor.

Meses más tarde, los intentos ingleses por crear una alianza con los italianos contra Hitler se fueron al traste. La razón fundamental fue la invasión italiana de Abisinia, país miembro de la Sociedad de Naciones. No obstante, hay que reconocer que la Batalla de Highbury fue un factor que contribuyó positivamente a este desencuentro político.

Podría citar otros ejemplos del periodo de entreguerras, como los Juegos Olímpicos de Berlín en 1936. Sin embargo, con objeto de que tengáis referencias más recientes de esta relación entre deporte y política internacional, os comentaré dos casos posteriores a la II Guerra Mundial.

En primer lugar, uno de los más memorables capítulos de la Guerra Fría en las canchas deportivas, me refiero a la extraña victoria de la URSS en la final de baloncesto de los Juegos Olímpicos de Munich 1972. El final del partido fue tan "insólitamente" arbitrado, que permitió a los soviéticos remontar un partido que tenían perdido. Los estadounidenses no recogieron sus medallas, de hecho aún están en la sede del COI. En este partido no sólo estaba en juego el oro olímpico, sino la superioridad del bloque comunista sobre el capitalista o viceversa.

Dieciséis años después los estadounidenses tendrían la oportunidad de resarcirse en la semifinal de la Olimpiada de Seúl, pero de nuevo perdieron y esta vez sin dudas arbitrales. Fue el canto de cisne a nivel deportivo de la URSS, que ya se encontraba en clara decadencia institucional. Aún así los estadounidenses no asimilaron bien esta nueva derrota, no sólo por el rival sino porque se había producido en uno de sus deportes nacionales. Por todo ello decidieron no correr más riesgos, y en los Juegos Olímpicos de Barcelona en 1992, enviaron a una selección de jugadores de la NBA.

En segundo lugar un ejemplo aterrador, que se produjo en los países del bloque del este y cuyo paradigma es la República Democrática Alemana. Este pequeño país, de apenas 18 millones de habitantes, llegó a superar en el medallero de algunas olimpiadas, como por ejemplo las de Montreal (1976) y las de Seúl (1988), a países con gran tradición olímpica como Francia, Inglaterra o EE.UU. En su afán de utilización propagandística del deporte, Alemania Oriental llevó a cabo acciones siniestras con sus propios deportistas. No sólo me refiero a un control exacerbado de sus vidas o a un estricto y durísimo entrenamiento, sino a un sistema de dopaje generalizado que para nada tenía en cuenta la salud de los atletas. De hecho muchos murieron o sufrieron secuelas irreparables (físicas y/o psíquicas). Todo ello, simplemente por lograr unas victorias deportivas que dieran prestigio internacional al estado y, por extensión, al régimen político que lo dirigía.

Finalmente, a modo de reflexión final, os planteo la siguiente cuestión ¿sigue vigente esta relación entre el deporte y la política internacional o ha logrado el deporte independizarse? Tal vez la respuesta la tengan, por ejemplo, los niños y niñas chinos que son sometidos a durísimos e incluso crueles entrenamientos de Gimnasia Artística.

BIBLIOGRAFÍA

Arnaud, P. (2002a). El deporte, vehículo de las representaciones nacionales de los estados europeos. En González Ajá, T. (Ed.) *Sport y Autoritarismos* (pp. 11-26). Madrid: Alianza Editorial.

Arnaud P. (2002b). Deporte y relaciones internacionales antes de 1918. En González Ajá, T. (Ed.) *Sport y Autoritarismos* (pp. 27-48). Madrid: Alianza Editorial.

Holt, R. (2002a). El Ministerio de Asuntos Exteriores y la Asociación de Fútbol: Deporte británico y apaciguamiento (1935-1938). En González Ajá, T. (Ed.) *Sport y Autoritarismos* (pp. 79-102). Madrid: Alianza Editorial.

Holt, R. (2002b). El deporte durante el periodo de entreguerras y las relaciones internacionales: algunas conclusiones. En González Ajá, T. (Ed.) *Sport y Autoritarismos* (pp. 311-324). Madrid: Alianza Editorial.

Capítulo 11
LA GIMNÁSTICA Y EL DEPORTE EN ESPAÑA 1800-1975

En capítulos anteriores se abordaron los orígenes de la gimnástica en Europa, las diferentes escuelas y movimientos que al respecto se desarrollaron, así como los inicios del deporte contemporáneo y su posterior evolución, prestando especial atención a los Juegos Olímpicos como la manifestación deportiva de mayor repercusión a nivel mundial. Llegados a este punto es pertinente tratar el origen, tanto de la gimnástica como del deporte, en nuestro país. Para ello seguiré un orden cronológico, dedicando especial atención al periodo en el que comenzaron a desarrollarse estas prácticas y al que antecede al momento actual, es decir, a la dictadura franquista, por ser el periodo que más ha marcado a la Educación Física de hoy día.

Conocer los inicios y la evolución de la gimnástica y el deporte en España, así como las circunstancias que rodearon estos inicios y la posterior evolución, es de vital importancia para entender el atraso que, con respecto a otros estados europeos, ha tenido nuestro país en los ámbitos gimnástico y deportivo hasta los últimos años del siglo XX.

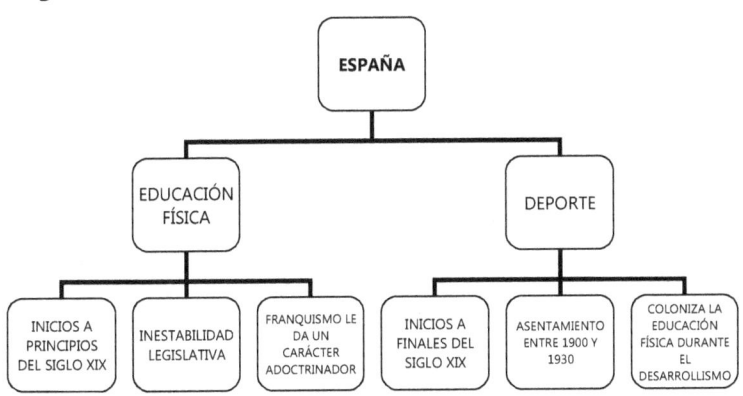

Figura 12: Contenidos del Capítulo 11.

11.1. ORÍGENES DE LA GIMNÁSTICA EN ESPAÑA

Los inicios de la gimnástica en España cronológicamente se sitúan en la misma línea que otros países europeos, es decir, a principios del siglo XIX; siendo Francisco Amorós el fundador de esta disciplina en el ámbito español (González Ajá, 1990). Este personaje de tremenda relevancia, tanto en España como en Francia, aparece ligado al movimiento pedagógico pestalozziano. La primera escuela pestalozziana abre sus puertas en Tarragona en 1803, pero será a partir de la Real Orden de 23 de Febrero de 1805, propugnada a instancias de Manuel Godoy, entonces primer ministro y favorito de rey Carlos IV, cuando el método pestalozziano recibirá el espaldarazo definitivo con la creación del Real Instituto Pestalozziano de Madrid (Fernández Sirvent, 2005).

Esta institución buscaba renovar la práctica educativa en las escuelas, sin embargo su modernidad chocó frontalmente con el integrismo tradicionalista y el control eclesiástico de la educación. Como defiende González Ajá (1990), con objeto de proteger a este centro de la intromisión de estos otros poderes, fue progresivamente orientándose hacia el estamento militar. Así, a partir de noviembre de 1806, recibió el nombre de Real Instituto Militar Pestalozziano.

Esta orientación militar permitió que una de las materias que se impartían de forma obligatoria, la gimnástica, aumentara su importancia. En relación a esta disciplina fue Amorós, que además sería el segundo director de esta escuela (desde agosto de 1807 hasta su cierre en enero de 1808), quien se encargó de su impartición, poniendo las bases de lo que sería su método gimnástico que desarrollaría posteriormente en Francia.

Por tanto, es en este centro educativo pestalozziano, que no sobrevivió a la Guerra de la Independencia teniendo que cerrar en medio de fuertes críticas que llegaron a tacharlo incluso de protestante (Viñao, 1982), y en Amorós donde encontramos el origen de la gimnástica en España.

Por fortuna no fue la única iniciativa durante esos años, ya que la gimnástica recibió a principios de siglo otro impulso hacia su reconocimiento oficial. Este impulso llegó de la mano de Gaspar Melchor de Jovellanos, quien preocupado por los problemas de su país y con la intención de aportar soluciones posibles para atajarlos, planteó el 16 de noviembre de 1809 ante la Junta Suprema del Gobierno un proyecto de instrucción con el nombre de *Bases para la formación de un plan general de Instrucción Pública*, que incluía la instrucción física. En concreto proponía que esta disciplina estuviera contenida dentro del sistema escolar y que llegara a todos los pueblos de España, así como la creación de un cuerpo de docentes específicos y establecimientos adecuados para su impartición.

En definitiva, se trataba de un intento por democratizar la educación, cubriendo la necesidad primaria de atender la ignorancia del pueblo y su retraso cultural con respecto a otras naciones. Este plan incluía como parte importante la instrucción de carácter físico, como materia fundamental a la hora de formar a ciudadanos saludables y también esforzados, lo cual contribuiría positivamente no sólo a la felicidad del pueblo sino a la prosperidad de la nación. Sin embargo sólo fue, como he comentado, un proyecto ya que esta iniciativa nunca llegó a llevarse a la práctica por las autoridades de la época.

Después de estos años y casi hasta mediados del siglo, España viven en lo gimnástico un periodo lánguido, hasta la aparición de la figura de Antonio Gil de Zárate, Director General de Instrucción Pública. A este ilustre político se le reconoce como el verdadero inspirador y creador de los institutos de primera y segunda enseñanza en el año 1845. A él se debe también que los ejercicios gimnásticos formaran parte de los planes de estudio de la época, hito de singular importancia teniendo presente tanto los hechos precedentes como lo adelantado y atrevido de la iniciativa.

Fuera del ámbito estrictamente político, en este periodo central del siglo XIX aparece una figura de singular relevancia, el Conde de Villalobos Francisco de Aguilera y Becerril, quien logró gran reconocimiento social para la gimnasia. Este noble, que desde la juventud sintió gran atracción por la práctica de los ejercicios gimnásticos, fue seguidor de Amorós al que incluso visitó en París. De él consiguió consejos para perfeccionar sus conocimientos, que le valieron un gran reconocimiento en España (Sanchís, 2010).

El Conde de Villalobos, en su obra *Ojeada sobre la Gimnasia, utilidades y ventajas que emanan de esta ciencia* se confiesa fundador del Gimnasio de Madrid cuya creación arrastró la de otros. La fama y renombre que alcanzó le valió para ser nombrado en 1867 profesor del Príncipe de Asturias, más tarde Alfonso XII. Sin embargo, falleció de manera prematura ese mismo año y con él desaparecieron también muchas de las iniciativas gimnásticas que desarrolló, como el citado gimnasio madrileño.

Continuando con la línea militar que había iniciado Amorós y cuyo vacío se dejó sentir en el seno del ámbito castrense, hay que mencionar al Teniente Coronel de Infantería José María Aparici y Biedma, quien fue enviado en comisión a París con el objeto de estudiar el método amorosiano y poder trasladarlo a la instrucción física de las tropas españolas. De vuelta a España fundó un Gimnasio Militar en Guadalajara, incluso escribió varias obras, algunas de las cuales eran traducción de obras francesas sobre la gimnástica. De estas obras, destaca la *Instrucción para la enseñanza de la gimnástica en los cuerpos e tropas y establecimientos militares*.

La influencia que desde el país vecino, Francia, se ejercía sobre España en materia gimnástica era indudable, no sólo por las experiencias del Conde de Villalobos y el Teniente Cororel Aparici, sino porque no dejaban de producirse viajes de especialistas, amén de los anteriores, para visitar centros y tener contactos con las instituciones y profesionales galos más relevantes. Además, como ya ha sido ejemplificado, se tradujeron del francés muchos de los textos notables de esta disciplina. Respecto a todo ello es interesante resaltar que, como afirma Hernández Vázquez (1990), la influencia amorosiana en Francia durante casi todo el siglo XIX es evidente.

Esta circunstancia revela cual fue el modelo gimnástico primordial que se importó desde Francia a la España decimonónica.

Con estos antecedentes, la gimnástica en España ya había calado de manera profunda y, en las décadas de 1850 a 1870, comienzan a proliferar por toda la geografía española gimnasios particulares. Sin embargo, como apunta Piernavieja (1962), la enseñanza en estos establecimientos era muy defectuosa por no decir peligrosa, practicada por empíricos, acróbatas y saltimbanquis.

Por tanto, era necesario que se instruyera a profesores de gimnástica, dada la demanda de esta disciplina y la escasa formación de la mayoría de los que la impartían. En este contexto, a propuesta de una comisión del Congreso auspiciada por Becerra, siendo ministro de Fomento don Germán Gamazo, el rey don Alfonso XII firmó la Ley de 9 de marzo de 1883 por la que se creaba la Escuela Central de profesores y profesoras de Gimnástica.

Sin embargo, el rey murió sin poderla ver funcionar por los retrasos producidos en la confección de su reglamento. Finalmente éste se aprobó el 22 de octubre de 1886, siendo regente María Cristina. De esta forma, la Escuela Central fue inaugurada en 1887, teniendo como sede unos locales bastante impropios, pues eran unas antiguas caballerizas que fueron abandonadas por su falta de adecuación para tal menester, por lo que no parece que fueran las instalaciones más idóneas para una disciplina como la gimnástica, a la que además se le concedía un carácter higiénico. La remuneración del profesorado no era alta, en torno a tres mil pesetas anuales, y el presupuesto anual de la Escuela ascendía a cien mil pesetas. A pesar de la escasa inversión que para las arcas públicas suponía, tristemente cerró sus puertas apenas unos años después, en concreto en 1892, al parecer por problemas económicos (Zorrilla, 2000).

Según Piernavieja (1962), en la Escuela Central "no había una dirección sistemática, metodológica y pedagógica única (…) el programa de la Escuela es una palmaria prueba de la tendencia atlético-militar de la educación física del siglo XIX. Los teóricos de entonces estaban notablemente influidos por el método amorosiano" (p. 28).

Esta postura sobre la falta de sistematicidad y la preponderancia de las teorías gimnásticas de Amorós en la Escuela Central, es también admitida por Hernández Vázquez (1990), quien extiende esta situación al contexto general de la gimnástica española. Así, al estudiar las publicaciones gimnásticas de la época, afirma que a pesar de la falta de unidad conceptual es indudable la influencia de Amorós en los escasos autores españoles del siglo XIX.

LOS ORÍGENES DE LA GIMNÁSTICA EN ESPAÑA SE BASAN EN LA GIMNASIA DE AMORÓS, TENIENDO COMO PAÍS DE REFERENCIA A FRANCIA. EL ESTAMENTO MILITAR FUE EL GRAN PROMOTOR DE LA GIMNÁSTICA.

DESTACAR A LA MALOGRADA ESCUELA CENTRAL DE PROFESORES Y PROFESORAS DE GIMNÁSTICA.

11.2. ORÍGENES DEL DEPORTE EN ESPAÑA

El deporte dio sus primeros pasos en España alrededor de 1880, a partir de las colonias de emigrantes británicos que trabajaban es España y de algunos españoles que, desafiando las tradiciones de la época y recibiendo más de una burla por ello, comenzaron a practicar los llamados *sports* (Rivero, 2005).

El matiz de modernismo que impregnaba a los *sports* ingleses caló profundamente en las clases altas, siendo éstas las primeras en practicar los deportes que llegaban a la Península. Como afirma González Ajá (2002), inicialmente sólo se dedicaban a la equitación, el tiro y la esgrima, quedando para el pueblo las autóctonas corridas de toros. Sin embargo, sus diversiones se fueron renovando conforme el deporte calaba en Europa, de hecho la práctica de los *sports* pasó a ser considerada como algo prestigioso entre la rancia aristocracia española. El propio Alfonso XIII fue un gran deportista y practicó no sólo la caza o la equitación, sino el polo, el patinaje o el automovilismo.

El fenómeno deportivo español comenzó a asentarse en las ciudades más industrializadas, siendo Madrid, Cataluña y, posteriormente, País Vasco las comunidades que vieron nacer el tejido del asociacionismo deportivo español a finales del siglo XIX. Al respecto es preciso destacar que ya no sólo los aristócratas practicaban deportes, sino que estas actividades comenzaron a asentarse en otros sectores sociales como los profesionales liberales, los comerciantes y los industriales, es decir, en la pujante burguesía (Rivero, 2005).

Finalmente, hay que destacar que Barcelona, a partir de los primeros años del siglo XX, pasó a ser la vanguardia española en el ámbito deportivo, no en vano fue en esta ciudad donde el deporte recibió más aceptación por parte de la ciudadanía y donde el gobierno local apostó decididamente por estas nuevas prácticas. Poco a poco el resto de grandes ciudades, como Madrid, San Sebastián, Bilbao o Valencia se fueron sumando a esta eclosión deportiva. No obstante, no podemos olvidar que la mayoría de españoles vivía en zonas rurales, donde el deporte tuvo en estos años una presencial casi testimonial, si es que la tuvo. Por tanto sería erróneo afirmar que el deporte se difundió de forma homogénea por toda la geografía española, las grandes ciudades lo hicieron a gran velocidad, pero no será hasta la segunda década del siglo XX cuando el deporte comience a ser realmente conocido en las zonas rurales.

EL ORIGEN DEL DEPORTE EN ESPAÑA ESTÁ EN LOS *SPORTS* INGLESES, MUY BIEN ACOGIDOS POR LAS CLASES ALTAS DE LAS GRANDES CIUDADES.

11.3. LA EDUCACIÓN FÍSICA 1900-1936

A diferencia de lo que ocurría en Europa, donde muchos países comenzaban a implantar una verdadera Educación Física, en España el panorama era bien diferente. Bien es cierto, como dice Rivero (2005), que hubo varios intentos a favor de la Educación Física, pero nunca llegaron a impartirse de forma eficaz. A la Educación Física española le ocurrió lo mismo que al resto de ámbitos de la sociedad, los vaivenes políticos, incluyendo varios cambios de régimen, así como la incompetencia de muchos de los dirigentes políticos, terminaron por llevar al país al vagón de cola con respecto a los países de su entorno.

En relación a la Educación Física se sucedieron varias disposiciones, muchas de ellas absolutamente opuestas a las anteriores (que en algunos casos llevaban en vigor apenas unos meses) y además era norma común que no se cumpliera ninguna de ellas.

En cuanto a la impartición de esta disciplina en los centros educativos, hay que destacar que tanto el profesorado como los dirigentes de estos centros no se preocuparon por la Educación Física; sólo las órdenes religiosas la incentivaron un poco, más por su potencial como mecanismo de transmisión de su doctrina que por convencimiento sobre su valor educativo (Rivero, 2005). Además, las condiciones eran nefastas para la práctica, destacando al respecto la escasez de gimnasios y, como consecuencia de ello, la mayoritaria impartición de las clases en dependencias totalmente inadecuadas (falta de luz, de ventilación, de vestuarios, de material específico...).

Por otro lado, existía un vacío importante en relación a la formación del profesorado, pues desde la clausura de la Escuela Central de Profesores y Profesoras de Gimnástica, no existía un centro específico para ello. Hubo que esperar a 1919, cuando se creó la Escuela Central de Gimnasia del Ejército, situada en Toledo, mediante una Real Orden del 29 de diciembre de ese año. Como afirma González Ajá (2002), el objetivo de esta escuela no era sólo la formación de profesores para el ámbito castrense, sino que se buscaba extender la labor de ese profesorado al resto de ciudadanos, con objeto de mejorar la forma física de los españoles en general.

Hay que destacar que el modelo gimnástico que tuvo y difundió esta escuela fue el sueco, añadiéndole un matiz claramente militar. Así, la gimnasia sueca era la base de la Educación Física, teniendo los juegos y deportes un papel complementario.

Durante la II República (1931-1936) se hicieron importantes inversiones en el campo educativo. Se reformó la enseñanza primaria y la secundaria, se impulsó el laicismo y se prohibió la enseñanza segregada. Aunque inicialmente parecía que la Educación Física también se beneficiaría de este gran empuje hacia la modernidad (se hicieron varias propuestas a favor de ello y en contra de cualquier matiz militar) todo quedó en intentos fallidos, pues los constantes cambios de gobierno impidieron la materialización de ideas tan vanguardistas para la España de la época.

Cierto es que se llevaron a cabo acciones muy positivas, como la creación de la Escuela Nacional de Educación Física (1933), dependiente tanto de la Facultad de Medicina como de la de Filosofía y Letras de Madrid, lo que desligaba la formación del profesorado del ámbito militar. Pero también se dieron grandes pasos hacia atrás, como por ejemplo la eliminación de la asignatura del plan de estudios de Bachillerato en 1934, siendo sustituida por juegos y deportes, sin libros de textos, sin profesores específicos y sin el rango de asignatura oficial.

Tras el estallido de la Guerra Civil, toda esta política errática quedó interrumpida y será durante el franquismo cuando exista cierta estabilidad dentro de la Educación Física; aunque una estabilidad fundada en principios de adoctrinamiento político a favor del régimen, no en una apuesta decidida por esta materia a nivel educativo.

ETAPA LLENA DE INCERTIDUMBRE Y VAIVENES LEGISLATIVOS QUE IMPIDIERON UN ADECUADO DESARROLLO DE LA EDUACIÓN FÍSICA.

11.4. LA INSTITUCIÓN LIBRE DE ENSEÑANZA.

La Institución Libre de Enseñanza (1876-1936) fue un intento pedagógico que, inspirado en la filosofía de Krause, tuvo una gran repercusión en la vida intelectual del España, desempeñando un gran papel como institución educativa innovadora.

Las innovaciones que propusieron en el campo educativo también afectaron a la Educación Física, a la que dieron una especial relevancia dentro de la educación general (a pesar de que el resto de instituciones educativas, como se ha expuesto, no tenían gran consideración por esta materia).

El concepto de Educación Física en la Institución fue evolucionando, en un principio fue considerada como una disciplina auxiliar de la higiene, posteriormente se invirtieron los papeles, la Educación Física pasó a tener entidad propia y la higiene fue la que asumió el rol de auxiliar (López Serra, 2003).

A partir de esta evolución, la Educación Física se centró principalmente en actividades de índole educativa, dejando paulatinamente en un segundo plano los objetivos directamente relacionados con la salud. En concreto, tal y como explica López Serra (2003), la praxis de la Educación Física se podría agrupar en torno a cuatro temáticas: gimnasia, juegos y deportes, excursiones y colonias.

En primer lugar, en consonancia con lo que se hacía en otros centros educativos, la gimnasia de marcado carácter sueco era un elemento importante dentro de esta disciplina. Dicha gimnasia se componía de ejercicios de fuerza, como flexiones o extensiones, saltos y estiramientos. Todo ello se llevaba a cabo en la misma sala donde se impartían el resto de asignaturas, realizándose en los cambios de clase para así compensar el trabajo intelectual con el físico.

Sin embargo, en torno a 1890, se produce un abandono de esta gimnasia en favor de los juegos y deportes. La razón de este cambio es el indudable factor lúdico que tenían éstos y que no poseía la gimnasia. Es importante resaltar que la Institución no sólo siguió la moda de las clases acomodadas en favor de los *sports*, sino que también se ocupó los juegos tradicionales españoles, procurando resaltar la valía de éstos.

Por tanto, a partir de 1890, los juegos y deportes pasaron a ser los grandes colonizadores de las clases de Educación Física, pero siempre desde un prisma educativo, en el que los valores humanos estaban siempre muy presentes. Ello constituía una gran diferencia con respecto a los *sports* ingleses, en los que primaba el rendimiento y la competición.

Otra de las grandes innovaciones introducidas por la Institución fueron las excursiones. Los alumnos, junto con sus profesores, salían del aula para visitar lugares de interés (museos, ruinas, fábricas,...). En principio el objetivo de estas salidas fue meramente intelectual, pero como la mayoría de los trayectos se hacían a pie el componente físico empezó a tomar relevancia. Poco a poco la faceta física ganó importancia y la intelectual la perdió, de forma que las excursiones en muchas ocasiones consistían, simplemente, en largas caminatas por el campo, con el único fin de disfrutar del paisaje.

Por último, dentro de las innovaciones que en el ámbito de la Educación Física introdujo la Institución, se encuentran las colonias, que si bien ya eran conocidas en otros países europeos aún no se habían puesto en práctica en España. En concreto fue la Corporación de Antiguos Alumnos la que las puso en marcha, aprovechando escuelas o edificios cedidos por ayuntamientos en parajes montañosos o cerca de playas. En estas residencias se alojaban gratuitamente, durante unas cuatro semanas del verano, los hijos de familias pobres. Estos niños, además de recibir una correcta alimentación, cuidados sanitarios que sus familias no podían ofrecerles y vivir en un espacio saludable, diariamente practicaban actividades físico-deportivas (como jugar a diferentes deportes, excursiones, baños en la playa,...). Por supuesto, el horario diario también dedicaba, aunque en menor medida, tiempo a actividades más académicas (como redactar un diario o lecciones puntuales sobre materias curriculares).

LA INSTITUCIÓN LIBRE DE ENSEÑANZA INNOVÓ SOBREMANERA LA EDUCACIÓN. EN EL CAMPO DE LA EDUCACIÓN FÍSICA SE CENTRÓ EN LA GIMNASIA, LOS JUEGOS Y DEPORTES, LAS EXCURSIONES Y LAS COLONIAS.

11.5. EL DEPORTE DE 1900 A 1936

A principios del siglo XX el deporte era una realidad asentada en las grandes ciudades, aunque poco conocido y menos aún practicado en el entorno rural. Sin embargo, durante los primeros 30 años de este siglo, el tejido asociativo y federativo español, tanto a nivel regional como nacional, se desarrolló definitivamente (Rivero, 2005). En total se fundaron trece federaciones nacionales, a sumar a las tres existentes desde el siglo XIX. Además, la Delegación del Comité Olímpico Internacional se fundó en 1912 y el Comité Olímpico Español en 1924.

En estas primeras tres décadas el deporte español, a partir de su tejido federativo y teniendo como principal motor la ciudad de Barcelona, recibió un gran impulso que lo difundió por ciudades menos industrializadas e incluso llegó en cierta medida al entorno rural. Comenzaron a proliferar clubes de diferentes deportes (fútbol, natación, vela,…) y el censo de deportistas no dejó de aumentar.

No obstante, seguía siendo un coto casi exclusivo de nobles y burgueses, si bien ya no se circunscribía a las principales ciudades, sino que el deporte se difundía por la Península a una gran velocidad. Todo ello a pesar del carácter rural y tradicional tan típicamente español y los grandes problemas de comunicación que existían en muchas zonas.

Por otro lado, hay que destacar otra manifestación deportiva que, a la vez que la pura praxis, se fue desarrollando durante los primeros decenios del siglo, se trata del deporte espectáculo. Durante este periodo comienzan a proliferar los estadios deportivos, principalmente de fútbol, donde las personas de a pie pagaban religiosamente su entrada para poder asistir a los partidos del llamado deporte rey, que por entonces daba sus primeros pasos como espectáculo de masas.

En todo ello tuvo un papel muy relevante la prensa, creándose incluso periódicos especializados que daban cumplida información de todos los eventos deportivos. Así comenzó este circo, con sus héroes, sus famosos y sus abundantes beneficios económicos.

Hasta tal punto llegó a popularizarse el deporte, mucho más que la Educación Física que sufrió una etapa llena de incertidumbre y vaivenes legislativos, que se llegó a presentar la candidatura de Barcelona a la organización de los Juegos Olímpicos de 1924, siendo presidente del Comité de Honor el Rey Alfonso XIII (González Ajá, 2002).

Con la llegada de la II República en 1931, el deporte trató de socializarse y democratizarse (González Ajá, 2002), los gobiernos de izquierda que gobernaron durante este periodo trataron que el deporte llegara a las clases populares y que tuviera un cariz más participativo que competitivo y clasista.

Bajo estas consignas políticas, hay que destacar la oposición del gobierno a la participación de España en los Juegos Olímpicos de Berlín (1936). No fue el nuestro el único país en boicotear este evento, existía una importante corriente de oposición internacional por las políticas que el partido nazi estaba llevando a cabo en Alemania.

En este contexto, en marzo de 1936 se gestó en Barcelona la celebración de una Olimpiada Popular, con un papel muy relevante de la Internacional Roja del Deporte y de las asociaciones deportivas obreras y populares europeas y americanas (Pujadas, 2011). Estos juegos, en contraposición con los juegos nazis, pretendían ser una alternativa tolerante y popular en la que todos los atletas, con independencia del nivel, tuvieran cabida (eso sí, divididos en tres categorías). La organización esperaba unos 6.000 atletas y 20.000 turistas (Pujadas, 2011), todo estaba preparado para iniciarse el día

19 de julio de 1936, pero el alzamiento militar que desembocó en la Guerra Civil dio al traste con esta iniciativa popular y, por extensión, con todas las propuestas de socialización y democratización deportiva que puso en marcha la II República.

EL DEPORTE SE ASENTÓ EN LA SOCIEDAD ESPAÑOLA (COMO PRAXIS Y COMO ESPECTÁCULO), AUNQUE SEGUÍA TENIENDO UN CARIZ CLASISTA. SERÁ LA II REPÚBLICA LA QUE TRATE DE LLEVAR ESTAS PRÁCTICAS A LAS CLASES POPULARES.

11.6. EL DEPORTE DURANTE LA DICTAURA FRANQUISTA (1939-1975)

En relación al deporte durante el franquismo, como afirma Santacana (2011), se produce un giro radical como instrumento de la política del estado totalitario. Tres son los hechos significativos al respecto, la creación de la Delegación Nacional de Deportes (D.N.D) en 1941, la fundación del Frente de Juventudes (F.J) en 1940 y de la Sección Femenina (S.F), como rama independiente del F.J, en 1945.

Desde sus inicios, la D.N.D estuvo bajo el duro control de la Falange Española Tradicionalista y de las JONS (F.E.T y de las J.O.N.S) y tuvo en el General Moscardó al primer Delegado Nacional de Deportes. En el Decreto de 22 de febrero de 1941, por el que se funda la D.N.D se define con claridad al deporte como un ámbito en el que el estado falangista hallaba uno de los principales instrumentos para la entera educación del hombre español. Por tanto, sin ningún tipo de paliativos, pasaba a ser un instrumento político al servicio del modelo social que trataba de ser impuesto por el régimen.

Indudablemente esta idea no es novedosa, sino una copia de las políticas nazis y fascistas en relación al deporte. De hecho, como indica Herrero (2002), la finalidad era seguir el modelo alemán junto con una buena dosis de la famosa furia española; sin embargo, es un hecho constatado que Franco nunca invirtió decididamente en este campo (formación, instalaciones, materiales,…), lo que desembocó en un paupérrimo bagaje internacional sólo salvado por medallas olímpicas aisladas y los triunfos internacionales del Real Madrid, ya en el segundo lustro de la década de 1950 (González Ajá, 2002).

Esta calamitosa situación del deporte en España era matizada y en muchos casos ocultada por los medios de comunicación, que frecuentemente caían en la irrisoria actitud de destacar victorias internacionales total y absolutamente insignificantes, como hechos destacadísimos y de gran relevancia; ni que decir tiene que, lógicamente, estos medios estaban controlados por el régimen.

Sin embargo, esta política deportiva no se mantuvo inmutable durante todo el franquismo. La muerte del general Moscardó en 1956, junto con los cambios (sociales, culturales y económicos) que se fueron produciendo paulatinamente en la sociedad de la época, permitieron la incorporación de algunos matices, sino aperturistas sí específicamente deportivos y no exclusivamente adoctrinadores. El nuevo Delegado Nacional de Deportes, Elola Olaso (1956-1966), pasó a un discurso más técnico que ideológico, incidiendo en la promoción de los deportes federados, en la construcción de instalaciones deportivas (si bien siguieron siendo insuficientes y deficientes), en la preocupación por la preparación de profesores y entrenadores, en la creación de clubes deportivos y en la voluntad de extender la práctica deportiva a toda la población (Manrique, 2011). El máximo exponente de este cambio fue la promulgación de la Ley de Educación Física de 20 de diciembre de 1961. En esta ley se reconocía a la Educación Física y deportiva como un instrumento eficaz en el ámbito formativo y como medio preventivo para la salud, con lo cual se la elevaba al rango de necesidad pública.

Esta nueva consideración de la Educación Física y el deporte llevó a la puesta en marcha, concretamente en 1966 bajo los auspicios del nuevo Delegado Nacional de Educación Física y Deportes Juan Antonio Samaranch, de la campaña "Deporte para todos" cuyo lema fue "Contamos contigo". Como defiende González Ajá (2011), esta ambiciosa campaña tenía una doble finalidad: ampliar la masa de practicantes y conseguir victorias en la alta competición. No obstante, como esta misma autora afirma, su puesta en práctica se centro en parámetros de rendimiento, por lo que no contribuyó al aumento del número de practicantes (aunque sí logró que el ciudadano medio tomara conciencia de la necesidad de ocupar su tiempo de ocio con actividades de índole deportivo).

EL DEPORTE DURANTE EL FRANQUISMO FUE UN INSTRUMENTO AL SERVICIO DEL ESTADO AUTORITARIO. ESTUVO BAJO EL FERREO YUGO DE LA FALANGE HASTA LA ÉPOCA DESARROLLISTA, DONDE EMPEZARON A PRIMAR ASPECTOS PURAMENTE DEPORTIVOS Y LOS IDEOLÓGICOS COMENZARON A PERDER FUERZA.

11.7. LA EDUCACIÓN FÍSICA DURANTE LA DICTAURA FRANQUISTA (1939-1975)

En relación a la Educación Física reglada, como afirma Cazorla Prieto (1979), fue sometida a una rígida disciplina y control por parte de los poderes públicos, sin posibilidad de manifestación social alguna. La ley de 6 de diciembre de 1940 confió al F.J y a su S.F la Educación Física de sus afiliados y de toda la juventud no afiliada, es decir, de la juventud española en su conjunto. El F.J se encargó del ámbito masculino y la S.F del femenino. Un año más tarde, por la Orden de 16 de octubre de 1941, se encomendaba a estas organizaciones tres asignaturas más: Formación del Espíritu Nacional, Formación Política y Enseñanzas del Hogar (esta última sólo a la S.F).

El F.J y la S.F controlaron todos los aspectos relacionados con el funcionamiento de las asignaturas que tenían encomendadas. Ello incluía desde la formación del profesorado o la confección de los programas al establecimiento de los horarios (Carbajosa, 1999). Esta situación, unida al carácter adoctrinador propio de estas materias, no granjeó a los profesores de Educación Física el respeto y simpatía del resto del profesorado.

Este escenario se mantuvo hasta los primeros años del desarrollismo en los que, como afirma Manrique (2011), la adhesión ideológica de los profesores de Educación Física, tan propia de los primeros años, va paulatinamente degradándose para acabar siendo sustituida por una motivación puramente profesional, que se centraba en los planteamientos técnicos de las disciplinas deportivas y no en la transmisión de un modelo social. Muchos fueron los factores que influyeron en este cambio de concepción: el deterioro de la imagen social de la Falange, la falta de respeto y consideración que sufría el profesorado de Educación Física por parte de otros profesores, las largas jornadas laborales que en muchos casos incluía los sábados, la pérdida de poder adquisitivo y, en consecuencia, la necesidad de tener más de un trabajo para obtener un sueldo digno.

A partir de los argumentos expuestos, podemos afirmar que la etapa desarrollista trajo una nueva perspectiva a la Educación Física y el deporte, produciéndose un giro desde un carácter exclusivamente adoctrinador a un carácter que, sin excluir el valor doctrinal, se centró en el rendimiento deportivo. Así, a partir de la década de 1960, los deportes se convierten en los grandes colonizadores de los programas de Educación Física. Se revalorizan los Juegos Escolares Nacionales y los profesores centrarán muchos esfuerzos en conseguir altas cotas en estas competiciones, pues los éxitos redundaban positivamente no sólo en su prestigio sino en su promoción profesional.

LA EDUCACIÓN FÍSICA FUE SOMETIDA A UN FÉRREO CONTROL POR PARTE DE LA FALANGE, PARTIDO RESPONSABLE DE ESTA DISCIPLINA. SÓLO EN LA ÉPOCA DESARROLLISTA, AL IGUAL QUE EN EL CASO DEL DEPORTE, LOS ASPECTOS DEPORTIVOS COMENZARON A TENER RELEVANCIA, SI BIEN LOS PURAMENTE ADOCTRINADORES NO DESAPARECIERON.

BIBLIOGRAFÍA

Carbajosa, C. (1999). *Las profesoras de Educación Física en España: Historia de su formación (1938-1977)*. Oviedo: Servicio de Publicaciones de la Universidad de Oviedo.

Cazorla Prieto, L. Mª. (1979). *Deporte y Estado*. Barcelona: Editorial Labor.

Fernández Sirvent, R. (2005). *Francisco Amorós y los inicios de la Educación Física moderna*. Alicante: Publicaciones de la Universidad de Alicante.

González Ajá, T. (1990). La Educación Física en España: 1800-1936. En *Seminario Francisco Amorós, su obra entre dos culturas*. (pp. 13-28). Madrid: Excmo. Cabildo Insular de Gran Canaria.

González Ajá, T. (2002). La política deportiva española durante la República y el Franquismo. En González Ajá, T. (Ed.) *Sport y Autoritarismos* (pp. 169-202). Madrid: Alianza Editorial.

González Ajá, T. (2011). Contamos contigo. Sociedad, vida cotidiana y deporte en los años del desarrollismo (1961-1975). En Pujadas, X. (Ed.) *Atletas y ciudadanos. Historia social del deporte en España (1870-2010)* (pp. 323-356). Madrid: Alianza Editorial.

Hernández Vázquez, J.L. (1990). Los Aparatos de Amorós y su influencia en la gimnástica española del Siglo XIX. En *Seminario Francisco Amorós, su obra entre dos culturas*. (pp. 29-64). Madrid: Excmo. Cabildo Insular de Gran Canaria.

Herrero, H. (2002). Por la educación hacia la revolución: la contribución de la Educación Física a la construcción del imaginario social del franquismo. *Revista Internacional de Medicina y Ciencias de la Actividad Física y el Deporte* vol. 2 (4), 21-36.

López Serra, F. (2003). La educación física en la Institución Libre de Enseñanza durante la alta Restauración. En Luis-Pablo Rodríguez (Coord.). *Compendio histórico de la actividad física y el deporte*. (pp. 289-316). Barcelona: Masson.

Manrique, J.C. (2011). Juventud, deporte y falangismo. El Frente de Juventudes, la Sección Femenina y los deportes del Movimiento. En Pujadas, X. (Ed.) *Atletas y ciudadanos. Historia social del deporte en España (1870-2010)* (pp. 233-272). Madrid: Alianza Editorial.

Piernavieja, M. (1962). La educación física en España. Antecedentes histórico legales. *Revista Citius, Altius, Fortius* vol. 4, 16-32.

Pujadas, X. (2011). Del barrio al estadio. Deporte, mujeres y clases populares en la Segunda República. En Pujadas, X. (Ed.) *Atletas y ciudadanos.*

Historia social del deporte en España (1870-2010) (pp. 125-168). Madrid: Alianza Editorial.

Rivero, A. (2005). *Deporte y Modernización*. Sevilla: Wanceulen Editorial Deportiva.

Sanchís, J.P. (2010). *La actividad gimnástica y deportiva en Sevilla durante el siglo XIX*. Sevilla: Diputación de Sevilla.

Santacana, C. (2011). Espejo de un régimen. Transformación de las estructuras deportivas y su uso político y propagandístico (1939-1961). En Pujadas, X. (Ed.) *Atletas y ciudadanos. Historia social del deporte en España (1870-2010)* (pp. 205-232). Madrid: Alianza Editorial.

Viñao, A. (1982). *Política y Educación en los orígenes de la España contemporánea*. Madrid: Siglo XXI.

Zorrilla P. P. (2000). La Escuela Central de Profesores y Profesoras de Gimnástica. En *Nacimiento e implantación de la Educación Física en España: los tiempos modernos* (pp. 63-113). Madrid: Ministerio de Educación, Cultura y Deporte y C.S.D.

www.ingramcontent.com/pod-product-compliance
Lightning Source LLC
Chambersburg PA
CBHW072133160426
43197CB00012B/2094